ÉPHÉMÉRIDES DUNKERQUOISES

ÉPHÉMÉRIDES

DUNKERQUOISES

REVUES, CONSIDÉRABLEMENT AUGMENTÉES

ET DÉDIÉES A LA VILLE DE DUNKERQUE

PAR AUG. LEMAIRE, DE CAMBRAI (NORD)

ANCIEN RÉGENT DE 6e AU COLLÉGE COMMUNAL DE DUNKERQUE,
MEMBRE TITULAIRE DE LA SOCIÉTÉ DE L'HISTOIRE ET DES
BEAUX-ARTS DE LA FLANDRE MARITIME DE FRANCE,
MEMBRE CORRESPONDANT DE PLUSIEURS AUTRES
SOCIÉTÉS SAVANTES.

L'histoire d'une ville illustrée par
ses enfants doit s'écrire jour par jour.

A. L.

DUNKERQUE

Chez MM. MAILLARD et VANDENBUSSCHE, libraires.

1857.

DUNKERQUE. — TYPOGRAPHIE BENJAMIN KIEN.

A LA VILLE DE DUNKERQUE

Hommage respectueux de l'Auteur

Aug. LEMAIRE.

Des hommes érudits m'ont assuré que mes *Ephémérides Dunkerquoises* seraient utiles : je fais des vœux pour qu'ils ne se soient pas trompés, et que ce modeste opuscule justifie la bonne opinion qu'on en a bien voulu concevoir. Là se borne toute mon ambition.

AUG. LEMAIRE.

Dunkerque, le 14 Octobre 1857.

TABLEAU DES BOURGMAITRES

MAIRES ET ADJOINTS

DE LA VILLE DE DUNKERQUE.

Année de l'élection.	Noms et prénoms.	
1506	Jacques Rycel,	bourgmaître.
1509	Jean Vanderstraete,	id.
1511	Jacques Deschepper,	id.
1519	Mathieu Corterville (le vieux),	id.
1521	Baudouin Rycel,	id.
1524	François Caut,	id.
1527	Mathieu Corterville,	id.
1529	Marle,	id.
1532	Antoine Vandenbryaerde,	id.
1534	Henry Baldekin,	id.
1536	Jean Martin,	id.
1537	Antoine Vandenbryaerde,	id.
1546	Cornil Ployaert,	id.
1548	Henry Baldekin,	id.
1549	Jacques Martin,	id.
1551	Antoine de Bryaerde,	id.
1553	Mathieu Vandenhelle,	id.
1556	Jean Baldekin,	id.
1558	Mathieu Vandenhelle,	id.
1560	Jacques Martin,	id.
1562	Nicolas Lauwereins,	id.
1563	Jacques Martin,	id.
1564	Antoine Vanrye,	id.
1565	Nicolas Lauwereins,	id.
1566	Jacques Martin,	id.
1567	Antoine Vanrye,	id.
1568	Pierre de Huvettere,	id.
1570	Philippe Boudeloot,	id.
1574	Léonard Torroen (dit Zillebeke),	maire et seigneur de D'Hérentade.

Année de l'élection.	Noms et prénoms.	
1579	Jean Deschepper,	bourgmaître.
1580	Adolf de Bryaerde, bourgmaître et seigneur. De Sauvoorde,	id.
1581	Rogier de Brouckére,	id.
1583	Cornil Martin,	id.
1587	Antoine Vanrye,	id.
1589	Cornil Martin,	id.
1592	Antoine Vanrye,	id.
1596	Cornil Martin,	id.
1599	Antoine Vanrye,	id.
1602	Cornil Martin,	id.
1604	Josse Snellynck,	id.
1606	Antoine Vanrye,	id.
1609	Mathieu Vanhulst,	id.
1611	Mathieu Vauhoudeghem,	id.
1617	Jacques de Vulder,	id.
1619	Mathieu Vanhoudeghem,	id.
1621	Arnoud Vandewalle,	id.
1623	Jacques Devulder,	id.
1625	Arnoud Vandewalle,	id.
1627	Jacques Devulder,	id.
1629	Marc Rybens,	id.
1633	Jacques Devos,	id.
1634	Arnoud Vandewalle,	id.
1635	Henry Ettron.	id.
1638	Marc Rybens,	id.
1642	Jacques Devos,	id.
1643	Marc Rybens,	id.
1644	Jacques de Brauwer,	id.
1647	Henry Ettron,	id.
1649	Nicolas Meulebèque,	id.
1650	Pierre Faulconnier,	id.
1651	Jacques Boufflet,	id.
1652	Jacques Caes,	id.
1655	Charles Hardevust,	id.
1657	Jacques Roufflet,	id.
1659	Nicolas Meulebèque,	id.
1660	Thomas Sergeant,	id.
1661	Pierre Lams,	id.
1662	Jean Bécu,	id.
1662	Nicolas Meulebèque,	id.
1663	Nicolas Soy,	id.

Année de l'élection.	Noms et prénoms.	
1666	Thomas Sergeant,	bourgmaître.
1667	Pierre Vanderhelle,	id.
1670	Nicolas Soy,	id.
1673	Gérard de Soomer,	id.
1675	Nicolas Van Eelen,	id.
1677	Philippe Coppens,	id.
1679	Jean Omaer,	id.
1681	Pierre-Denis de Bryer,	id.
1684	Jean Omaer,	id.
1686	Philippe Coppens,	id.
1688	François Joires,	id.
1690	Pierre-Denis de Bryer,	id.
1692	Jacques Omaer,	id.
1695	Josse de Meulebèque,	id.
1697	Pierre de Coninck,	id.
1699	Nicolas Marcade,	id.
1702	Roger Herreford,	id.
1705	Jean Barbaroux,	id.
1709	Nicolas Marcade,	id.
1710	Robert Peellaert,	id.
1714	Pierre Tugghe,	id.
1716	Roger Herreford,	id.
1720	Nicolas de Meulebèque,	id.
1723	François Devinck,	id.
1725	Nicolas de Meulebèque.	id.
1727	Robert Peellaert,	id.
1732	Jean-Jacques Varlet,	id.
1735	Pierre-Nicolas Taverne,	id.
1738	Nicolas-François Doncquer,	id.
1757	Louis Vernimmen,	id.
1762	Nicolas-Pierre-Bernard Taverne,	id.
1764	Jacques-Nicolas de Bonte,	id.
1766	Bernard-Pierre Coppens, seigneur d'Herzin,	maire.
1769	Jacques-Nicolas de Bonte,	id.
1771	Albert-François Martin,	id.
1772	Albert-François Martin,	bourgmaître.
1776	Jacques-Joseph-Nicolas Taverne, seigneur du Mont d'Hiver,	id.
1779	Louis Vernimmen,	id.
1784	Charles Thiéry,	id.
1789	Charles Thiéry,	maire.

1792 an II de la République. — Jean-Marie-Joseph

Année de l'élection.	Noms et prénoms.	
	Emmery,	maire.
1793	an II. — Josselin,	id.
1794	Henri Coppin,	id.
1795	an III. — Jean-Edme-Marie Vanhée,	id.
1796	an IV. — Louis-Marie De Baecque,	président.
1797	an V. — Gaspard-Joseph Boubert,	id.
1797	Joseph-Marie Mazuel,	id.
1798	an VI. — Jean-Louis-Bonnaventure Kenny,	id.
1798	Philippe-Alexandre Dequeux de St-Hilaire,	id.
1799	an VII. — Alexandre Thélu,	id.
1799	Louis-Benoît Hovelt,	id.
1799	an VIII. — Pierre-Louis Faulconnier,	id.
1800 et 1801	Philippe-Alexandre Dequeux de St-Hilaire,	maire.
	Jean-Louis-Bonnaventure Kenny, an IX. — Pierre-Louis Ducan,	adjoints.
1802	an X. — Jean-Marie-Joseph Emmery,	maire.
	Jean-Louis-Bonnaventure Kenny, an XI. — Philippe-Antoine-Gaspard Morel.	adjoints.
1803	an XI. — Jean-Marie-Joseph Emmery,	maire.
1804 1805	an XII. — Jean-Louis-Bonnaventure Kenny, an XIII. — Gaspard Gamba,	adjoints.
1806	Jean-Louis-Bonnaventure Kenny,	maire.
	Jean-Louis Wakernie, Jean-Baptiste-Thomas Power,	adjoints.
1812	Jean-Louis-Bonaventure Kenny,	maire.
	Jean-Baptiste-Thomas Power, Balthasar-Melchior Gaspard,	adjoints.
1815	Pierre-Louis-Jean-Marie Degravier,	maire.
	Jean-Baptiste-Thomas Power, Balthasar-Melchior Gaspard	adjoints.
1816	Pierre-Louis-Jean-Marie Degravier,	maire.
	Balthasar-Melchior Gaspard, Jean-Benjamin Coffyn,	adjoints.
1826	Jean-Benjamin Coffyn,	maire.
	Balthasar-Melchior Gaspard, Julien-Joseph Bigorgne,	adjoints.
1827	Balthasar-Melchior Gaspard,	maire.
	Julien-Joseph Bigorgne, Louis-Marie-Joseph Thevenet,	adjoints.
1830	Guillaume-François-Louis Olivier,	maire par intérim.
	Antoine-Benoît Demeyer,	adjoint id.

Année de l'élection.	Noms et prénoms.	
1831	Zozime-Narcisse Choquet,	maire par intérim.
	Jean-Baptiste Drieux,	adjoints id.
	Jean-François-Théodore Bray,	
1832	Paul-André-Louis Lemaire,	maire.
	Célestin-Joseph Castrique.	adjoint.
1833	Paul-André-Louis Lemaire,	maire.
	Joseph-Edouard Regodt,	adjoint.
1835	Paul-André-Louis Lemaire,	maire.
	Arnould-Claude Gallois,	adjoint.
1837	(20 Juillet) Chᵉʳ Thevenet (L.-M.-J.), maréchal-de-camp en non activité, officier de la Légion-d'Honneur et chevalier de St-Louis,	maire par intérim.
	Louis-François Daudruy,	adjoints id.
	Raymond Chaveron,	
1837	(10 Décembre) Paul-André-Louis Lemaire,	maire.
	François-Augustin-Léonard Gourdin,	adjoints id.
	François-Benjamin Delattre,	
1838	(4 Octobre) Fˢ-Augustin-Léon Gourdin,	maire par intérim.
	François-Benjamin Delattre,	adjoint.
1839	(6 Octobre) Fˢ-Augustin-Léonard Gourdin,	maire.
	François-Benjamin Delattre,	adjoint.
1843	(17 Février) François-Benjamin Delattre,	maire par intérim.
1843	(9 Avril) François-Benjamin Delattre,	maire.
1843	(15 Août) François-Benjamin Delattre,	maire.
	(19 Septembre) Raymond Chaveron,	adjoints.
	Philippe-Louis-Henri Beck.	
1845	(Avril) Laurent Lemaire,	maire par intérim.
	Pierre-François-Louis Meneboo,	adjoints.
	Auguste Dupouy,	
1845	(Juin) Pierre-François-Louis Meneboo,	maire par intérim.
	Auguste Dupouy,	adjoint id.
1845	(13 Septembre) Jean-Charles Mollet,	maire.
	Joseph-Edouard-Jacques Regodt,	adjoint.
1845	(22 Novembre) François-Benjamin Delattre,	maire par intérim.
	Pierre Lefebvre,	adjoints id.
	Laurent Lemaire,	
1846	(10 Octobre) Jean-Charles Mollet,	maire.
	Jh-Edouard-Jacques Regodt,	adjoints.
	Pierre Lefebvre,	
1849	(20 Mai) Jean Charles Mollet,	maire.

Année de l'élection.	Noms et prénoms.	
1849 (20 Mai)	Joseph-Edouard-Jacques Regodt, Pierre Lefebvre,	adjoints.
1852 (26 Juillet)	Jean-Charles Mollet,	maire.
	Pierre Lefebvre, Alfred-Florent Willems,	adjoints.
1855 (14 Juin)	Jean-Charles Mollet,	maire,
	Alfred-Florent Willems, Jules-André-Joseph Delelis,	adjoints.

ÉPHÉMÉRIDES DUNKERQUOISES

JANVIER

1 1678. Jean Bart, commandant la frégate le *Dauphin*, rançonne un dogre, la *Mouche noire*, pour 2,400 livres.

1 1834. Jean-Pierre Bart, fils de Pierre-Jean et de Marie-Angélique Vernay, est nommé lieutenant de vaisseau.

1 1834. Ouverture de l'Abattoir et de la Caisse d'épargne. M. Paul Lemaire administrait alors Dunkerque en qualité de maire.

1 1847. Mort de M. Petit-Genet. Les élèves de cet homme de bien et de talent ont fait élever sur sa tombe un monument qui porte l'inscription suivante : « Au savant modeste, » au meilleur des hommes, à l'honorable Jean-Joseph *Petit-* » *Genet*, professeur d'hydrographie en retraite, officier de la » Légion-d'Honneur, né à Cornimont (Vosges), le 29 Mai 1756, » et décédé à Dunkerque, le 1er Janvier 1847. Ses élèves et ses amis. » On ne saurait trop envier le sort d'un homme qui laisse après sa mort de si précieux souvenirs.

1 1851. Agrandissement de la ville par l'adjonction du Jeu-de-Mail. M. Mollet était alors maire de Dunkerque.

2 1592. Le gouverneur de Dunkerque est forcé d'emprunter au magistrat de cette ville la somme nécessaire au paiement des troupes de la garnison espagnole. L'argent n'était pas arrivé, comme de coutume, d'Espagne. La somme empruntée fut ensuite remboursée.

2 1678. Jean Bart, commandant le *Dauphin*, rançonne le *Lourdaud* pour 2,000 livres.

2 1700. Naissance de Ignace Bart, fils de Jean et de Marie Tugghe. Il eut pour parrain Jean-Louis Bart, et pour marraine demoiselle Jeanne-Marie Bart. Il mourut capitaine de port à la Martinique, en 1766.

3 1678. Jean Bart, à bord de la frégate le *Dauphin*, rançonne le dogre le *Pêcheur* pour la somme de 2,500 livres.

4 1678. Jean Bart, ayant le commandement du *Dauphin*, rançonne le dogre le *Paysan* pour 2,300 livres.

4 1717. Traité de la Haye. Il y était stipulé, article 4, que le passage de Mardyck, de 44 pieds, serait démoli de fond en comble.

5 1678. Jean Bart, à bord du *Dauphin*, rançonne le *Macreau* pour 1,400 livres. En cinq jours, le héros dunkerquois avait fait pour 10,600 livres, argent de Hollande, de prises. La fortune et son courage lui donnaient cette année 1678 de jolies étrennes.

5 1791. La place Calonne prend le nom de place Nationale. Son nom primitif lui a été rendu: Elle le doit à un homme qui a fait beaucoup de bien à Dunkerque.

Le même jour la municipalité soumissionne pour l'acquisition du couvent des Minimes.

5 1795. Vers huit heures du matin, un incendie d'une violence inouïe éclate dans le couvent des Dames Anglaises. Cette maison se trouvait sur le terrain occupé aujourd'hui par M. B. Morel. Elle avait été fondée pendant les courts instants que Dunkerque a appartenu à l'Angleterre, sous le protectorat de Cromwell, et s'étendait de la rue Ste-Barbe à la rue du Jeu-de-Paume. Au moment de l'incendie, cet établissement était converti en hôpital militaire. Tous les malades furent sauvés, mais le couvent et son église furent entièrement détruits par les flammes. La rigueur de la saison était telle, ce jour-là, que le service des pompes était très-pénible.

7 1792. La ville est partagée en deux quartiers. Avant cette époque, elle le fut d'abord en sept, puis en cinq et en trois. Le 25 Janvier 1790, elle fut de nouveau divisée en cinq quartiers.

7 1838. Vers huit heures du soir, le tocsin signale un violent incendie. Il venait d'éclater en Basse-Ville, dans la sucrerie de M. Bray. Le froid était tellement intense depuis trois jours, qu'il fallut casser la glace dans le canal de Bergues, pour avoir de l'eau, et que la manœuvre des pompes était presque impossible. Les Frères de la doctrine chrétienne, bravant la rigueur de la saison, se chargèrent de puiser l'eau. Ils faisaient, une fois de plus, preuve d'abnégation et de dévouement.

8 1663. Naissance de Gaspard Bart, frère de notre héros. Il devint capitaine de corsaire et fit de nombreuses prises.

8 1679. Le célèbre Vauban, ayant vanté à Louis XIV le mérite de Jean Bart, ce monarque le prend à son service et le nomme lieutenant de vaisseau. Le comte de Vermandois était alors amiral de France.

14 1655. Naissance de Françoise-Agnès Bart, fille de Cornil et d'Agnès Jacobsen.

14 1657. Naissance de Michel Bart, fils de Herman et de Marie Jansen, sœur de la mère de Jean Bart.

14 1675. Jean Bart s'empare, devant l'île des Chelmy, de la galiotte la *Ville de Paris*, chargée de grains.

14 1702. Naissance de Marie Bart, fille de Jean et de Marie Tugghe. Elle eut pour parrain Joseph Joires, marchand; pour marraine, la femme du sieur Barthélemi de Bonnefons, trésorier de la marine.

17 1675. Jean Bart, commandant la frégate la *Royale*, s'empare, de conserve avec Jacobsen, à bord de la frégate la *Dauphine*, à l'embouchure du Vlie, du smak le *Premier Jugement de Salomon*, chargé de soufre.

18 1701. Naissance de Marie-Françoise, fille de Jean Bart et de Marie Tugghe. Elle épousa M. de Cadouche, du canton des Grisons, premier lieutenant au régiment des gardes-suisses avec commission de colonel.

18 1702 Mort de Marie Bart, fille de notre intrépide marin.

19 1677. Jean Bart, commandant la *Palme*, devant la Meuse, de conserve avec le capitaine Lassie, rançonne le dogre le *Cabilhau* pour la somme de 2.800 livres.

19 1842. On assigne pour local à la Bourse le vestibule de l'hôtel de ville.

21 1675. Jean Bart, à bord de la *Royale*, s'empare de la frégate l'*Espérance*, montée de dix pièces de canon, appartenant à l'amirauté de Frise. L'action dura une heure. Le capitaine, le lieutenant et plusieurs hommes de l'équipage furent tués.

25 1626. Mariage de Mathieu Bart, fils d'Antoine et d'Elisabeth Rodrigues, avec Marie Vanderhague.

27 1792. On annule la délibération du 17 Octobre 1791, dans laquelle il avait été stipulé qu'on tiendrait marché sur la place Dauphine, aujourd'hui place du Théâtre.

28 1841. M. Dufaure défend à la chambre des députés les intérêts du port de Dunkerque. A la fin de son discours, il s'exprimait en ces termes : « Combien de ports auxquels le » gouvernement n'a pas même pensé ! Je prends les villes riva- » les de l'Angleterre, *Dunkerque*, par exemple, cette pépinière » de matelots qui font la prospérité du commerce en temps de » paix, et la gloire du pavillon en temps de guerre. Des projets » admirables ont été conçus pour Dunkerque, des plans magni- » fiques sont entre les mains de M. le ministre des travaux » publics. Que deviennent-ils, qu'en fait-on ? »

29 1757. Mort à Aisey-sur-Seine de Jeanne-Marie Bart, fille de Jean et de Marie Tugghe et épouse de M. de Ligny, lieutenant-colonel du 2e régiment d'Agenois (infanterie). Jeanne Bart était âgée de 66 ans.

29 1839. M. Henri-Ferdinand-Marie Bart, fils de Marie et de Jeanne Vandenbussche, veuve Morel, obtient pour des infirmités constatées, la liquidation de sa pension de retraite. Il avait de nombreuses années de service dans la marine et les contributions indirectes.

29 1857. Le navire français les *Trois-Sœurs*, soulevé par les flots de la mer en furie, allait périr corps et biens à l'entrée du chenal. Quatre marins intrépides, Gaspard Neuts, Mathias Bommelaer, Charles Celle, de Dunkerque, et Jean Bagousse, de Locmariaquer (Morbihan), volent à son secours et trouvent une mort glorieuse dans les flots. La cité en deuil leur rendit les honneurs funèbres, lorsque la mer eut rejeté leurs cadavres sur la grève.

30 1618. Mariage de Michel Bart, fils de Antoine et d'Elisabeth Rodrigues, avec Agnès Jacobsen.

FÉVRIER

1 1791. Installation du bureau d'enregistrement.

2 1791. Marée formidable. Les quais sont inondés, les écluses dépassées, les digues *Pollet* et *Lamorlière* franchies en plusieurs points; des terrains considérables sont envahis par les eaux. L'Océan imitait les fureurs populaires de l'époque: les siennes furent heureusement de courte durée.

3 1675. Jean Bart épouse Nicole Guttière. Treize jours auparavant, il s'emparait du navire l'*Espérance*. Ce fut le cadeau de nôces qu'il offrit à sa fiancée. Ses témoins furent François Gontier et le capitaine William Doorn; le prêtre qui bénit son union avec Nicole avait nom J. Vandercruce. Jean Bart était alors âgé de 25 ans et 4 mois.

4 1825. Tempête effroyable. La mer couvre les quais de toutes parts; une goëlette anglaise, le *Thomas-Eléonore*, capitaine Winn, se perd corps et biens à l'emplacement actuel de la maison des bains. Un seul homme, le pilote Melchior Fontaine, de Dunkerque, est sauvé grâce au courage de Gaspard Neuts, qui reçut du gouvernement une médaille en argent, grand module. C'était le premier acte de dévouement de cet intrépide marin que la cité entière pleure aujourd'hui.

4 1852. Ouverture du scrutin pour l'élection des membres du Corps Législatif. M. Alfred De Clebsattel ayant réuni la majorité des suffrages, est proclamé député de l'arrondissement de Dunkerque. Ses importants services lui ont valu depuis la croix de la Légion-d'Honneur.

5 1719. Mort de dame Marie-Jacqueline Tugghe, deuxième femme de Jean Bart. Elle était âgée de 55 ans.

5 1791. le conseil municipal décide que: « Le curé et » les vicaires de la ville continueront le saint ministère et leurs » autres fonctions, qu'ils aient prêté ou non le serment prescrit » par la Constitution. »

7 1689. M. Patoulet, intendant de la marine à Dun

kerque, reçoit de M. Seignelay l'ordre de faire armer en diligence la frégate la *Railleuse*, commandée par Jean Bart. Le 12, il reçoit le même ordre relatif à la *Serpente*, ayant pour capitaine le chevalier Forbin. Tous deux avaient mission de prendre à Calais, et de conduire promptement à Brest, trente milliers de poudre et trente milliers de plomb et de mèches.

8 1851. Dans la nuit du 8 au 9, Gaspard Neuts sauve d'une perte certaine un navire étranger, le *Norman*. Quelques jours après, il sauve l'équipage du navire les *Huit-Frères*.

10 1672 Une ordonnance en date de ce jour porte: « La cherté excessive des denrées nécessaires à la vie, occa- » sionnée par l'exportation pour l'Angleterre, ôte aux trois » quarts et plus des habitants et à la garnison le moyen de se » substanter, d'où il résulte des maladies causées par la disette » et une mortalité extraordinaire, surtout parmi la classe indi- » gente; en conséquence, il est défendu d'exposer en vente » beurre, œufs, volailles, gibier, légumes, etc., etc., toutes » choses qui peuvent être exportées. »

10 1763 En exécution de l'article 13 d'un traité de paix conclu avec l'Angleterre, et signé ce jour à Paris, il fallut détruire jusqu'aux moindres travaux faits à Dunkerque dans l'intérêt du commerce et de la défense du port. Un commissaire anglais, le colonel Desmaretz, s'établit durant 14 ans en notre ville pour veiller à ce qu'aucun des ouvrages détruits ne fût relevé.

11 1626. Mariage de Gaspard Bart, fils d'Antoine et d'Anne Kerlynck, avec Cornille Dauwère.

12 1677. Jean Bart, montant la frégate la *Palme*, rançonne les dogres le *Caroos* et la *Femme de Wisby*; le premier pour 2,500 livres et le second pour 3,000 livres.

12 1798. Bonaparte visite pour la première fois Dunkerque. Il était accompagné du général Lannes.

14 1792. La misère excite, en nos murs, des troubles déplorables. La veille, vers le soir, vingt chariots chargés de blé et escortés par cinquante grenadiers arrivent de Bergues à Dunkerque. L'effervescence populaire se fait pressentir. Le 14, vers dix heures du matin, l'émeute prend des proportions formidables. Exaspéré par la disette et la cherté du pain, le peuple se soulève en masse; et malgré la présence de la garde natio-

nale, des troupes de la garnison, qui sont obligées de faire usage de leurs armes, il fait irruption dans huit maisons, celles de l'ancienne école Denys, de MM. Cailliez, Foissey père, Devinck, Bicays et de Mme de St-Laurent. En un instant les vitres sont brisées, les portes arrachées de leurs gonds et les rues jonchées de meubles, d'effets, d'argenterie, etc., lancés par les fenêtres. Bientôt le sang coule. Dix individus sont tués ; huit sont trouvés morts dans les caves des maisons pillées : l'ivresse en était cause. Le préjudice causé aux malheureux propriétaires a été évalué à trois millions. Cependant la municipalité prend des mesures pour que la répression du désordre soit prompte et énergique. Elle met sur pied nuit et jour deux cents gardes nationaux et deux cents hommes de la garnison. Le 16, elle fait publier à son de trompe l'article 10 de la loi martiale, et placer deux canons chargés à mitraille près de la maison Bicays. L'émeute s'apaise le 18. Elle semble vouloir se réveiller le 23. La loi martiale est de nouveau publiée, et le drapeau rouge arboré à l'hôtel-de-ville, où il flotte jusqu'au 11 Mars suivant. Les jours de deuil avaient enfin cessé pour la cité ! !

15 1677. Jean Bart, à bord de la *Palme*, rançonne le dogre le *Faucon* pour 2,500 livres.

16 1677. Toujours à bord de la *Palme*, et de conserve avec la frégate la *Mignonne*, capitaine Lombard, le héros Dunkerquois prend, à la hauteur de la Meuse, un dogre, le *Prince Guillaume*.

16 1820. Le port au bois est comblé. Il devient un quai qu'on appela : *Quai du duc de Bordeaux.*

16 1851. Fondation de la Société Dunkerquoise pour l'encouragement des lettres, des sciences et des arts. Cette réunion d'hommes d'élite a déjà prouvé aujourd'hui que notre ville compte non seulement parmi ses enfants des marins célèbres, mais aussi des littérateurs distingués.

17 1715. Ouverture du canal de Mardyck. Elargi par ordre de Louis XIV, il pouvait contenir cinquante-deux vaisseaux désarmés depuis 40 jusqu'à 70 canons, outre les frégates et les bâtiments de charge, sans entraver le commerce des bâtiments marchands. Les Anglais protestèrent contre la création de ce nouveau port.

18 1658. Naissance de Jean-Baptiste Bart, fils de Cornil et d'Agnès Jacobsen.

19 1840. L'amiral de France, M. le baron Roussin, qui débuta de notre port dans la marine en Nivôse 1793, sur la canonnière la *République*, capitaine Allemès, souscrit à la biographie de Jean Bart, par M. Vanderest. Dans sa lettre à ce publiciste, il déclare que le héros dunkerquois a été toute sa vie l'objet de son admiration et de son culte.

21 1677. Jean Bart, seul, et commandant la *Palme*, prend à la hauteur de Gravelines, un petit câpre hollandais, la *Bonne-Aventure*.

22 1677. Jean Bart, toujours à bord de la *Palme*, étant de conserve avec le capitaine Coopman, prend, à dix lieues du Texel, un dogre, l'*Eléphant*, chargé de vins.

22 1781. Naissance de M. Henri-Ferdinand-Marie Bart. Il naquit rue Ste-Barbe.

23 1791. L'octroi est supprimé.

24 1848. Une dépêche télégraphique annonce à Dunkerque la révolution en train de s'opérer à Paris.

27 1792. Le conseil municipal arrête que les *billets de confiance*, que le manque de numéraire forçait à créer, seraient signés par les conseillers ; ceux de dix sous, par Pierre Liébaert et Lancel ; ceux de 15, par Dourlen, Delaly, Carlier, Mazuel ; ceux de 20, par Power, Thelu, Aget, Leroy ; ceux de 30, par Boubert, Hardi, Tancet, Camus; ceux de 40, par Thierry, Morel, Coppens, Coppin. Le 3 Décembre de la même année, on en suspendit l'émission ; le 18 Janvier 1793, on en brûla pour 100,000 fr.

28 1706. Naissance de Philippe-François Bart, fils de François-Cornil et de Catherine Viguereux.

29 1848. On proclame à Dunkerque les noms des membres du gouvernement provisoire établi à Paris après la déchéance de Louis-Philippe Ier.

MARS

2 1774. Naissance de Amand-Charles Guilleminot, fils de Claude et d'Isabelle-Barbe Lanscotte. Il eut pour parrain Amand Lefébure, et pour marraine Rose Marescaux.

Noble débris militaire de nos temps d'orage, le comte Guilleminot mourut à l'âge de soixante-six ans, au moment où, lieutenant-général et commissaire extraordinaire du roi des Français à Baden, grand duché, il se disposait à rentrer en France après s'être acquitté de la mission qui lui avait été confiée par son souverain.

4 1803. Mort de M. Schelle. Inhumé le 7, il fut bientôt exhumé, sur le bruit qu'il avait été victime d'un empoisonnement. Un procès-verbal, dressé le 14 du même mois, constata que cette supposition n'avait aucun fondement.

Monseigneur Belmas l'avait nommé curé de St-Eloi le 12 Juin 1802.

5 1852. Gaspard Neuts sauve, au péril de ses jours, un sieur Jules Demay qui, tombé à l'eau, allait infailliblement périr.

5 1857. Jean-François Peuvion, Laurent-François-Désiré Grizet et Jean-Baptiste Langevin, marins du quartier de Dunkerque, trouvent la mort en rade en volant au secours d'un chasse-marée en péril.

7 1760. Mort de Jeanne, fille de François-Cornil Bart et de Catherine Viguereux. Elle était née le 28 Septembre 1708.

8 1348. Louis de Male maintient les Dunkerquois dans leurs privilèges, franchises et coutumes.

9 1628. Le célèbre Rubens écrit d'Anvers à un de ses amis : « On m'a assuré qu'on s'irrite en Hollande de ceux de » Dunkerque qui sont venus en corsaire jusqu'à Scheveninghe, » près de la Haye, où ils ont capturé un vaisseau sur les côtes, » et qui plus est, un des meilleurs et des plus riches qu'il y eut » à Amsterdam. *Il y a de quoi s'étonner en voyant cette poignée » d'hommes faire tant de bruit avec un si petit nombre de vaisseaux.* »

Le courage, comme on le voit, a été de tous temps à l'ordre du jour en notre bonne ville.

9 1803. Les anciennes formules reparaissent. A dater de ce jour, on voit de nouveau le mot *Dimanche* inscrit aux registres de la municipalité.

10 1792. Troubles à Dunkerque. Ils sont occasionnés par le départ de quelques navires chargés de blé et destinés pour le midi de la France. Le soir du même jour, l'effervescence populaire était calmée.

13 1758. Naissance de Pierre-Robert-Marie Bart, fils de Pierre-Jean et d'Isabelle Vaneckoutte, de Dixmude.

15 1788. Louis-Sébastien Olivier, avocat et échevin, est nommé procureur de la commune de Dunkerque. Il décéda le 11 Octobre 1792, laissant une veuve avec onze enfants dont il existe encore actuellement: Marie Olivier, âgée de 84 ans, et Benjamin-Louis Olivier, âgé de 82 ans, enseigne de vaisseau en retraite, chevalier de la Légion-d'Honneur.

16 1572. On fait l'examen des deniers provenant de la vente des denrées, marchandises et biens que les pêcheurs de Dunkerque avaient pris sur les rebelles, leurs adhérents. Le même jour, exécution de quelques pirates surpris en mer par nos matelots.

21 1653 Naissance de Charles Keyser, fils de François et de Marie Krickelinck. Son père commandait alors la frégate le *Grand-Louis*, armée de 20 pieces de canon et équipée de cent cinquante hommes. C'était un des amis les plus intimes de Jean Bart.

21 1791. Dans une séance que tint ce jour-là la *Société des Amis de la République*, on dénonce la désertion de quelques officiers de la garnison. On réclame un *Te Deum* pour obtenir du ciel le rétablissement de la santé du roi Louis XVI. Un membre fait connaître à la Société qu'on augmente en secret les garnisons de Furnes et de Bruges. Un autre invite ses collègues à chercher les moyens d'empêcher l'exportation du numéraire et d'affermir la bonne harmonie entre les habitants et les troupes de la garnison. Un sieur *Leprince* présidait la séance.

24 1790. Dunkerque proteste avec énergie contre l'abolition de la franchise de son port par la Convention. Les députés que la ville envoie à Paris pour défendre ses droits et privilèges

écrivent, à la date du 24, qu'ils espèrent les lui conserver. Le 28, on lit à l'hôtel-de-ville un mémoire rédigé par MM. Coppens et Labenne. Le 29, le premier est envoyé à Paris pour s'adjoindre à la députation. Le 31, on écrit aux députés de consentir aux conditions (fussent-elles onéreuses) qui assureraient les franchises de notre port. Le 22 Mars 1792, Coppens fait pressentir que, malgré tous les efforts tentés, la mission des députés restera sans résultat. Les franchises du port furent en effet supprimées.

25 1676. Jean Bart, commandant la frégate la *Palme*, montée de vingt-quatre canons et de cent cinquante hommes d'équipage, sort du port de Dunkerque, de conserve avec les capitaines Keyser, Jacobsen, Lassie et Messemaker. Ils découvrent dans la nuit du 26, entre Ostende et Nieuport, une pinasse de dix pièces de canon qu'ils chassent et font échouer. Ils la prennent, la renflouent et l'envoient à Dunkerque. Le lendemain, à la hauteur d'Ostende, à deux lieues de la côte, ils découvrent une flotte convoyée par trois frégates, dont l'une portait le pavillon hollandais, et les deux autres celui de Bourgogne. Ils rejoignent l'ennemi, engagent le combat, et trois heures après la victoire reste aux Dunkerquois. Ils rentrent dans notre port, maîtres de la frégate hollandaise la *Tertoole*, armée de dix-huit canons, et de huit bélandres chargées de diverses marchandises.

25 1816. Inauguration et bénédiction de la chapelle de Notre-Dame-des-Dunes. MM. Schoutheer et Vanbandt étaient directeurs de cette chapelle. M. P. Degravier administrait alors Dunkerque.

26 1759. Pierre-Jean Bart, fils de Gaspard, frère du héros dunkerquois, et de Anne-Marie Verschelle, sort de Dunkerque dans la nuit du 26 au 27 (il commandait la frégate la *Danaé* de 36 canons et 360 hommes d'équipage); son fils Benjamin l'accompagne en qualité de second. L'*Harmonie*, commandée par le lieutenant de frégate Pierre Lefebvre, dit *Juin*, est de conserve. Arrivés en dehors des bancs, nos marins découvrent deux grosses frégates, le *Southampton* et la *Mélampe*, qui se portent sur eux pour les combattre. Le capitaine Bart fait aussitôt des signaux à l'*Harmonie*, pour qu'elle vienne dans ses eaux prendre ses ordres. *Juin*, au lieu d'obéir, vire de

bord, retourne dans les passes et rentre dans la rade. A peine a-t-il touché terre qu'il est hué par les pêcheurs et les enfants du port, qui le couvrent de boue et le poursuivent à coups de pierres. Pendant que la population indignée fait subir cette humiliation à *Juin*, Pierre Bart, méprisant le danger auquel l'expose le lâche abandon d'un traître, accepte le combat. Bientôt un boulet lui emporte les deux cuisses. La lutte devenant enfin par trop inégale, force est, après *six heures d'un combat acharné*, dans lequel succombe à son tour Benjamin, d'amener pavillon ! !

Les corps mutilés du père et du fils furent inhumés en Angleterre, loin de la cité dont ils faisaient la gloire et l'orgueil ! !

Le 15 Septembre suivant, l'échevinage de Dunkerque accorda à la veuve de Pierre Bart une pension de 300 livres.

27 1815. Un courrier apporte en notre ville la nouvelle de la rentrée de l'Empereur aux Tuileries.

29 1802. Rigueur extrême de la température ; tempête effroyable qui occasionne en mer de nombreux sinistres.

AVRIL

1 1697. Louis XIV élève Jean Bart, à cause de sa brillante campagne de 1696, au grade de chef d'escadre. Jean Bart remplaçait le marquis de Langeron.

1 1748. Philippe-François Bart reçoit sa commission de capitaine de vaisseau. Le 1er Avril 1764, il est nommé chef d'escadre.

2 1674. Jean Bart, commandant la galiote le *Roi David*, et Keyser l'*Alexandre*, font de compagnie leur première prise. A la hauteur de la Meuse ils se rendent maîtres de l'*Homme Sauvage*, dogre hollandais chargé de charbon.

4 1625. Naissance de Catherine Janssen, fille de Henri et d'Elisabeth Rodrigues. Elle épousa Cornil Bart, fils de Michel Bart et d'Agnès Jacobsen.

6 1674. Près du Vlie, Jean Bart s'empare de l'*Aventure de l'Ami*, pinasse chargée de vin d'Espagne et montée de dix pièces de canon.

7 1558. On célèbre en l'église St-Eloi, le service funèbre de Charles-Quint.

7 1692. La France et l'Angleterre déclarent la guerre aux Etats-Généraux. Jean Bart, fidèle à la voie de la patrie, s'enfuit de la Hollande, au service de laquelle il se trouvait alors, pour revenir au sol natal qui devait bientôt retentir du bruit de ses exploits.

7 1708. Jacques III, ayant échoué dans sa tentative de descente en Ecosse, revient à Dunkerque; les Anglais l'y suivirent en forces, mais ils durent se borner à bloquer l'escadre de Forbin.

8 1635. Naissance de Charles De Keyser, fils de Mathieu et de Martine Coffyn.

8 1779. Gaspard-François Bart, petit-fils de Jean Bart, obtient sa retraite de chef de brigade, avec pension de 2,400 livres.

11 1713. Date désastreuse dans les annales dunkerquoises. On signe à Utrecht un traité de paix funeste à la France et surtout à Dunkerque. En effet, on lit à l'article 9 de ce fatal traité :
« Le roi très-chrétien fera raser les fortifications de la ville
» de Dunkerque, combler le port, ruiner les écluses qui servent
» au nettoiement de ce port, le tout à ses dépens et dans le
» terme de cinq mois après la paix conclue et signée, savoir :
» les ouvrages de mer dans l'espace de deux mois, et ceux de
» terre, avec lesdites écluses, dans les trois suivants, à condi-
» tion encore que lesdites fortifications, port et écluses ne pour-
» ront jamais être rétablis ; laquelle démolition ne commencera
» toutefois qu'après que le roi très-chrétien aura été mis en
» possession généralement de tout ce qui doit être cédé en équi-
» valent de la susdite démolition. » Le contenu de cet article dut être exécuté ponctuellement ; les frais de cette honteuse destruction s'élevèrent à 580,000 livres.

11 1776. Ecroulement d'un pont situé à l'entrée de la rue de Bergues. La Panne passait dessous pour aller se jeter dans le port.

13 1791. Installation de M. Schelle, curé de St-Eloi.

13 1793. Focquedey, le seul des douze députés du Nord qui ait eu le courage de refuser de voter la mort de Louis XVI, donne sa démission, voulant se séparer tout-à-fait de l'Assemblée qui avait porté cette inique sentence.

15 1720. Mort de Nicolas Bart, curé de Drincham, dans la châtellenie de Bergues-St-Winoc. Cet homme de mérite mourut à l'âge de 86 ans ; il était né le 26 Avril 1634. Une grande intimité régna entre lui et Jean Bart.

16 1383. Un corps de troupes, que les seigneurs avaient réuni à Dunkerque pour s'opposer au pillage et aux vols commis par les Anglais qui, récemment débarqués à Calais, accouraient au secours des Gantois effrayés de l'arrivée des Français, remporte d'abord quelques succès dans des affaires de détail ; mais il est bientôt détruit par les Anglo-Flamands, qui laissent 9,000 morts des leurs sur le champ de bataille.

16 1786. Mort de M. Bertrand Thiéry, doyen-curé de la paroisse St-Eloi. Il était né à Dunkerque, le 27 Octobre 1727.

19 1814. Mort de Pierre-Robert-Marie Bart, fils de Pierre-Jean et d'Isabelle Vaneckoutte, de Dixmude. Né à Dun-

kerque, le 13 Mars 1758, il entra d'abord au département de Rochefort comme garde-marine, puis au port de Brest comme guide-pavillon. Plus tard, M L. Coppens lui fit obtenir une lieutenance dans le régiment d'Orléans, infanterie, 44, dont M. de Chatigny était colonel. Il assista au siége de Lille et à la bataille d'Arlebecque, où il reçut deux blessures qui le conduisirent au tombeau. Il mourut à Ypres après de longues années de souffrances.

20 1517. Une même sentence criminelle frappe Pierre Annot, de Bailleul, et Daniel Galland, de Steenwoorde, accusés d'hérésie. Ils furent exécutés par le feu à Dunkerque où la sentence avait été rendue.

20 1775. Une ordonnance du 25 Décembre 1729, avait cédé à l'état-major de Dunkerque la jouissance commune aux autres états-majors des places maritimes, des droits de chasse et de garenne ouverte. Par délibérations, en date du 19 Janvier et du 20 Février 1775, Dunkerque et Bergues, moyennant une redevance annuelle de 3,000 livres, rachetèrent la concession des garennes. La transaction se fit le 20 Avril 1775. Cette redevance fut payée jusqu'en 1789.

21 1717. Arrivée en nos murs de Pierre-le-Grand. Il est reçu par Cornil Bart, délégué à cette fin par Monseigneur le duc Philippe d'Orléans, régent du royaume. Le futur czar de Russie arriva par le canal de Furnes et entra sans pompe dans Dunkerque, entourée des ruines de son ancienne splendeur par suite de la funeste signature du *traité d'Utrecht*. Pour ne pas insulter à cette immense infortune, le prince avait d'abord désiré garder l'incognito ; mais sur les instances du magistrat, il accepta une garde de 15 hommes. L'échevinage alla en corps au devant de lui et lui présenta les vins d'honneur.

L'illustre voyageur demeura quatre jours à Dunkerque. Il logea à l'intendance, visita l'emplacement des fortifications, se rendit à l'église St-Eloi et assista deux fois aux exercices des régiments alors en ville. Les ruines de Mardyck reçurent aussi l'honneur de sa visite.

Accompagné de Lebois, gentilhomme de la cour du régent, il partit pour Calais dans les carosses royaux.

22 1755. Mort de François-Cornil Bart, fils de Jean Bart et de Nicole Guttière. François avait 78 ans. Il était vice-amiral de France. On prétend qu'il décéda rue St-Sébastien.

25 1689. Jean Bart prend, à la hauteur de Nieuport, un bâtiment espagnol, l'*Union*, de 400 tonneaux, chargé de poudre d'or, de sacs d'argent et de poivre.

27 1702. Jour éternel de deuil pour Dunkerque. Jean Bart expire, entre trois et quatre heures du soir, en sa maison rue de Bar (aujourd'hui rue Royer). Il fut inhumé le Dimanche 30 Avril. Notre immortel concitoyen n'avait que 52 ans ! !

MAI

1 1792. Les préposés des douanes, placés en embuscade près de l'ancien pont tournant, établi sur le canal de Furnes, veulent arrêter des soldats de la garnison introduisant en fraude, en ville, du tabac étranger. Ils trouvent une résistance tellement vive que, pour exécuter les lois et faire la perception due à l'Etat, ils sont forcés de se servir de leurs armes et de faire feu sur les fraudeurs.

Ceux-ci se retirent; ils reviennent bientôt en grand nombre. Exaspérés par la résistance qu'ils ont éprouvée, ils attaquent les douaniers avec un tel acharnement, que onze de ces malheureux employés sont tués ou blessés. Les assaillants ne perdent que trois des leurs. L'autorité municipale, mise en émoi par ce conflit, ne voit d'autre moyen, pour rétablir le calme, que de faire battre la générale. Cette mesure fit enfin cesser le désordre.

1 1805. Arrivée du prince Joseph, frère de l'Empereur, à Dunkerque. Il y venait pour visiter le camp établi au Rosendael.

1 1826. On nomme une commission pour vérifier les cloches du carillon, refondues par le sieur Cuvillier.

1 1840. Par ordonnance royale, Jean Pierre Bart, premier lieutenant à bord du brick le *Voltigeur*, en station à Cadix, est nommé chevalier de l'Ordre de la Légion-d'Honneur, et appelé au commandement de la *Licorne*, gabarre armée de caronades et jaugeant trois cents tonneaux.

1 1843. On allume pour la première fois le phare de premier ordre élevé à l'ouest du port.

L'adjudication en avait été faite le 17 Octobre 1838. Les travaux furent commencés en Mars 1839, sous la direction de M. Cuel, ingénieur en chef.

2 1703. Louis XIV accorde à la veuve et aux enfants de Jean Bart une pension de deux mille livres. Le brevet porte

une clause qui prouve combien le grand roi faisait cas du marin dunkerquois; on y lit: «*En cas que ladite veuve* (Marie-Jacqueline » Tugghe) *se remarie, Sa Majesté veut qu'elle soit privée de la » pension à elle accordée, et que ses enfants en jouissent entière- » ment.* »

3 **1821.** Le Port au Bois, qu'on avait comblé en Février 1820, prend le nom de quai du duc de Bordeaux. On l'appela ensuite quai d'Orléans, puis quai d'Abondance.

3 **1857.** Ouverture de la manutention civile. La société en avait été constituée, le 27 Mai 1856, sous la raison sociale Fichaux, Garin et compagnie.

4 **1825.** On célèbre en notre ville des fêtes à l'occasion du sacre de Charles X.

7 **1677.** Jean Bart, de conserve avec la frégate l'*Espérance*, capitaine Soutenaye, prend, à la hauteur d'Ostende, le *Dauphin Doré*, chargé d'oranges, de sucre, de limons et d'une pipe de jus de limons, faisant route pour Midelbourg.

8 **1791** Le clergé est contraint de fermer les portes de St-Eloi, alors l'unique église de Dunkerque. M. Sarels, vicaire, célèbre, ce jour-là, pour la dernière fois, la messe de 7 heures.

9 **1669.** M. de Seignelay refuse son adhésion à un hardi projet conçu par Jean Bart, pour ruiner le commerce des Hollandais dans la mer du Nord et dans la Baltique. Il préféra le charger de la course contre les Anglais, avec qui la France était en guerre.

11 **1674.** Jean Bart, vers le Dogger-Banc, après une chasse de deux heures, se rend maître d'une flûte chargée de cent vingt-quatre tonneaux et demi de vin de Bordeaux, et d'un tonneau et demi de vin de Frontignan. Ce navire portait le nom de *Saint-Pierre de Bruges;* on lui substitua celui de l'*Elisabeth de Londres.*

11 **1833.** Ouverture de la prison départementale. M. le baron Méchin était alors préfet du Nord, et M. Paul Lemaire administrait Dunkerque.

12 **1823.** Jean-Pierre Bart, fils de Henri-Ferdinand-Marie Bart, avait, vers la fin de Janvier 1823, grâce à un sang-froid bien rare chez un enfant de 15 ans, sauvé les jours d'une passagère et de son fils, âgé de quatre ans, honteusement abandonnés, ainsi que lui, par l'équipage du *Saint-François* qu'une

subite et violente tempête avait lancé sur la côte de Quiberon, près du fort Penthièvre.

Lors du passage à Brest, le 12 Mai suivant, de M. de Clermont-Tonnerre, alors ministre de la marine, M. Ménard de la Farge lui présenta MM. Bart père et fils. Le ministre les accueillit avec la plus exquise bienveillance ; il donna même au jeune homme un léger coup sur l'épaule en lui disant : « Vous croyez, » mon petit bonhomme, que je ne vous connais pas : j'ai appris » votre bonne conduite à bord du chasse-marée le *Saint-François;* vous, ainsi que votre père, vous passerez chez moi ce » soir. »

Le même jour, le jeune marin fut placé à l'école préparatoire de Brest ; peu après, à celle d'Angoulême, où il se distingua par d'éclatants succès.

14 1774. Louis XVI annonce au magistrat de Dunkerque la mort de Louis XV. On savait en notre ville, le 9 Mai, que ce dernier avait reçu l'extrême onction. Son service funèbre fut célébré le 31 du même mois.

15 1674. Jean Bart s'empare, vis-à-vis de la Meuse, après une chasse de deux heures, d'un dogre chargé de mille écrevisses, de noisettes et de quatre cents paires de bas.

15 1755. Louis XV accorde aux quatre enfants de Cornille Bart une pension de 3,000 livres. En Septembre suivant, la ville de Dunkerque vota, pour chacune des deux filles de Cornille, une pension de 400 livres à titre d'indemnité de logement. Le même jour où le roi Louis XV signait le brevet de pension accordé aux enfants de ce brave marin, les échevins de notre cité assistaient au service funèbre célébré en son honneur.

17 1695. Jean Bart, envoyé en croisière dans la mer du Nord, avec six frégates, passe à travers quatorze vaisseaux qui osaient lui barrer le passage. Un mois après il avait enlevé et brûlé quatre-vingts navires marchands, quatre vaisseaux de guerre de 24, 38 et 44 canons, et 25 flottes chargées de blé et autres denrées. De toutes ses prises, il ne conserva qu'un vaisseau de guerre pour ramener à Dunkerque les prisonniers qu'il avait faits.

Les Hollandais durent conserver long-temps le souvenir de ces défaites successives qui leur coûtèrent tant d'hommes et d'argent, grâce à l'énergique intrépidité du héros dunkerquois.

17 1696. A dix heures du soir, Jean Bart sort du port de Dunkerque, bloqué par quatorze vaisseaux ennemis ; il passe, le boute-feu à la main, à travers vingt-deux vaisseaux de guerre anglais, mouillés hors des bancs pour empêcher sa sortie de la rade.

Il inaugurait par ce coup hardi sa mémorable campagne de 1696, et son combat du 17 Juin suivant.

18 1693. Naissance de Jean-Louis Bart, fils de Jean Bart et de Marie Tugghe. Il eut pour parrain Boestezans, et pour marraine, Anne Drix, épouse de Gaspard Bart, capitaine de course. Jean-Louis Bart mourut garde de la marine à Dunkerque, le 13 Février 1711.

20 1689. Jean Bart et Forbin, le premier commandant la frégate les *Jeux*, de 28 pièces de canon, le second la *Railleuse*, de 16, partent du Hâvre avec vingt navires marchands auxquels ils servent d'escorte. Le 22, ils sont faits prisonniers dans la Manche, à travers les Casquettes, après un combat sanglant contre deux vaisseaux de force supérieure, l'un portant 42 et l'autre 48 canons. On les conduisit tous deux à Plymouth. Leur captivité ne fut point de longue durée.

21 1748. Pierre-Jean Bart, montant le corsaire la *Flore*, enlève un navire hollandais monté de 14 canons.

21 1804. On ouvre à Dunkerque et dans toute la France un registre pour la consignation des votes sur la question de l'hérédité et de l'Empire. Le résultat fut, en notre ville, affirmatif presque à l'unanimité. Le 27 Mai courant, on proclama l'Empire.

21 1810. L'Empereur et Marie-Louise font leur entrée en nos murs par la porte de Furnes. Leurs Majestés Impériales logèrent à la sous-préfecture. Les plus belles maisons des particuliers furent offertes au roi et à la reine de Westphalie, à Monseigneur Belmas, au général Vandamme, au préfet du Nord, aux chambellans et aux maréchaux du palais, qui composaient la suite de l'Empereur Napoléon Ier.

22 1828. Jean-Pierre Bart, âgé de 21 ans, montant le grand canot de l'*Alerte*, reprend aux pirates d'Alger, dans le port de Mers-el-Kébir, le brick l'*Arlequin*, de Marseille, capturé par eux sur les côtes d'Espagne.

M. Andréa de Narciat, commandant de l'*Alerte*, écrivit dans son rapport au ministre: « M. Bart, jeune élève de première » classe, malgré une grèle de mitraille, s'est jeté à terre et a » coupé *quatre amarres attachées aux anneaux du fort* pour s'en » servir de remorque à l'*Arlequin*, opération expéditive, par » laquelle on a évité de perdre beaucoup de monde. »

Le ministre, M. Hyde de Neuville, récompensa cette intrépide et audacieuse action par l'envoi à M. Bart d'une commission d'enseigne de vaisseau. C'était là une dérogation spéciale, d'autant plus glorieuse pour le jeune marin, *qu'elle était jusqu'alors sans exemple!* Le jeune Bart n'avait encore que deux ans et demi de navigation.

Le ministre, en lui envoyant ses épaulettes, lui écrivit: « *Continuez, jeune homme, rendez-nous Jean Bart.* »

25 1802. Conclusion de la paix d'Amiens. Les Dunkerquois, depuis 1793 jusqu'à cette époque, avaient fait 189 armements en course.

25 1829. Le musée communal reçoit les premiers dons de ses fondateurs, MM. Dutoit père, et Futs, capitaine de navire.

26 1695. Naissance de Nicaise-François Bart; il eut pour parrain Nicaise Cornelissen, et pour marraine Mme Marie-Magdeleine-Françoise Joires, femme du sieur Jean Lefebure, grand bailli de Bergues. Cet enfant mourut 14 mois après, le 10 Août 1696.

26 1697. Jean Bart reçoit sa nomination de chef d'escadre. Elle était signée L. A. de Bourbon.

28 1709. Des préliminaires de paix, proposés par les alliés et signés ce jour à la Haye, sont refusés par Louis XIV. Le 17e article de ces préliminaires exigeait de ce monarque: « *La promesse de raser les fortifications et de détruire le port de* » *Dunkerque, sans qu'il fût permis de les rétablir ni de rendre le* » *port navigable à jamais, ni directement ni indirectement.* »

Les revers que continua d'éprouver la France, forcèrent le Grand Roi a accepter ces douloureuses propositions de paix.

28 1791. J.-B. Emery, prêtre de l'abbaye de Saint-Winoc, vicaire de St-Eloi, à Dunkerque, prête serment devant la municipalité. Il s'engageait ainsi à être fidèle à la nation, à la loi et au roi. Il est mort, dans un âge très-avancé, curé à Petite-Synthe.

28 1801. La 46e demi-brigade arrive dans nos murs. Elle y est accueillie avec d'autant plus d'enthousiasme par la population, qu'un des grenadiers de cette immortelle légion était porteur du cœur du *premier grenadier* de France, *Latour-d'Auvergne.*

30 1821. On décide à la chambre des députés, par 264 voix contre 2, l'exécution des travaux nécessaires à la restauration du port de Dunkerque. La construction des écluses de chasse et le creusement du bassin Becquey furent mis à exécution, sous la conduite de MM. Cordier, Bosquillon et Becquey. Trois millions furent votés pour ce projet par la loi du 30 Juin suivant.

JUIN

2 1615. Mariage de Nicaise Bart, fils d'Antoine et d'une Elisabeth dont on ignore le nom de famille (c'est présumablement une Rodrigues), avec Françoise Herlynck.

3 1791. MM. Emmery et Plaideau proposent d'ouvrir un registre où se feront inscrire tous ceux qui voudront se consacrer à la défense du pays. Ils signent les premiers, et, avec M. Plaideau, ses deux fils. Il s'agissait d'organiser une défense contre les troupes qu'on prétendait se réunir à Bruges et à Furnes pour agir sur Dunkerque.

3 1843. Jean-Pierre Bart, dernier et noble rejeton de la famille du héros qui a jeté un si vif et si glorieux éclat sur Dunkerque, meurt, à l'âge de 36 ans, à Nosbey (île Bourbon). Il était lieutenant de vaisseau, membre de la Légion-d'Honneur, et commandant de la gabarre la *Sarcelle*.

6 1691. Naissance de Magdelaine-Françoise Bart, fille de Jean et de Marie Tugghe. Elle eut pour parrain Thomas Tugghe, avocat et échevin de Dunkerque, et pour marraine Magdelaine-Agnès Sergeant, femme du sieur Joires, ancien bourguemaître de notre ville.

13 1696. Jean Bart attaque les Hollandais. En quinze jours, il leur brûle cinquante-cinq de leurs vaisseaux marchands. C'était pour eux une perte de six ou sept millions.

14 1689. M. de Seignelay ayant eu connaissance du combat qui, le 22 Mai, avait livré au pouvoir des Anglais, après deux heures et demie de lutte, Jean Bart et Forbin, et ignorant encore leur évasion, écrit à l'intendant de Dunkerque : « Travaillez à échanger Jean Bart et Forbin, *mais surtout Jean Bart.* »

A leur retour en France, Louis XIV les créa tous deux capitaines de vaisseau.

16 1792. Sur leur demande, il est accordé aux canonniers de Dunkerque deux pièces de canon pour s'exercer à la manœuvre.

17 1657. Naissance de Catherine Bart. Le même jour, trois ans après, en 1660, naissait Pétronille Bart. Toutes deux étaient filles de Cornil et d'Agnès Jacobsen.

17 1660. Une ordonnance signée Edward Marley, ministre de Charles II, et datée de Witehall, ordonne la rigoureuse observation du repos du Dimanche à Dunkerque.

17 1677. Nicole Guttière rend Jean Bart père de son premier enfant, François-Cornil, digne héritier de la gloire du héros dunkerquois.

18 1583. Le duc d'Alençon, confiné dans Dunkerque par le prince Farnèse, s'embarque pour Calais et se retire dans le Cambrésis. Miné par le chagrin, il meurt l'année suivante.

18 1678. Jean Bart, montant la frégate le *Dauphin*, de conserve avec Keyser et Jean Soutenaye, commandant les frégates l'*Empereur* et la *Notre-Dame de Lombardie*, découvrent à la hauteur du Texel, un navire ennemi auquel ils donnent la chasse. Nos Dunkerquois restent vainqueurs. Ils n'ont que six hommes tués et trente blessés. Leur intrépide adversaire, Willems Ranc, commandant la frégate le *Scherdam*, montée de 24 pièces de canon et de 94 hommes d'équipage, eut 50 hommes tués et blessés. Cette prise fut ramenée à Dunkerque.

18 1781. Magdelaine-Marie Bart, fille de Jean et de Marie Tugghe, meurt au château de Sarlat, en Périgord (département de la Dordogne). Elle avait eu à sa naissance pour parrain Jean Tugghe, ancien greffier de la ville de Dunkerque, et pour marraine, demoiselle Magdelaine-Thérèse Vandermeersch. Elle épousa M. de la Barthe, baron de Thermes, descendant du maréchal de Thermes qui, en 1558, pilla et saccagea Dunkerque, et dont l'armée fut, peu de temps après, taillée en pièces près de Gravelines par les Flamands commandés par le comte d'Egmont.

19 1803. Dunkerque, officiellement informée de l'arrivée prochaine du premier consul, crée une garde d'honneur à qui elle donne mission de se joindre au détachement de la garde consulaire. Le 21 Juin, arrivent en nos murs le ministre de la marine et celui des relations extérieures. Mgr Belmas, Beau-

harnais et Joséphine n'arrivèrent que le 29 du même mois. Cette bonne et vénérée Joséphine fit don, à un corsaire en partance, d'un pavillon d'abordage.

20 1689. Jean Bart et Forbin sont nommés capitaines de vaisseau. Il y avait quinze jours qu'ils s'étaient évadés des prisons d'Angleterre.

20 1857. Ouverture du scrutin pour l'élection d'un député. M. Alfred de Clebsattel, ayant réuni la majorité des suffrages, est proclamé membre de l'assemblée législative.

22 1792. En vertu d'une délibération endate de ce jour, on perce seulement en 1801 une rue tracée sur l'emplacement du jardin des Capucins. Elle s'appela d'abord rue de la Tour d'Auvergne; puis sous la Restauration, rue d'Artois; ensuite, le 2 Août 1830, rue de Chartres, et enfin, en 1848, rue David-d'Angers. Notre ville, en lui donnant ce dernier nom, a voulu rendre hommage à l'artiste qui l'a gratifiée de la statue de notre héros.

24 1674. A douze lieues du Vlie, Jean Bart capture la galiote l'*Amitié*, chargée de sept cents setiers de blé.

26 1658. Louis XIV fait, après la bataille des Dunes, son entrée à Dunkerque. Il la remet immédiatement au pouvoir des Anglais.

27 1841. Ouverture du musée communal, sous l'administration de M. Gourdin. La création en fut provoquée par M. B. Gernaert, de Dunkerque, consul de France à Canton, qui fit à notre ville un don considérable d'armes, d'instruments de musique chinois et d'insectes. M. B. Morel était président de la commission du musée.

28 1558. Les Français, ayant arrêté un plan d'attaque, sortent de Calais. Leur avant-garde, 2,000 chevaux et quelques compagnies d'archers, se postent entre Mark et Oye. Le 30 Juin, 17,000 hommes campent près de Gravelines, annonçant un tentative sur Bourbourg, pour dissimuler le but véritable de leurs opérations, la prise de Dunkerque.

28 1674. Jean Bart, vers le Vlie, prend une busse de pêche, le *Corbeau Noir*.

28 1718. François-Cornil Bart est nommé chevalier de St-Louis.

29. 1694. Jean Bart livre le combat qui lui a valu l'immortalité. *Il a sauvé en ce jour la France de la famine*, en reprenant

aux Hollandais la flotte chargée de blé que le Grand Roi avait donné ordre d'amener pour faire cesser la disette.

Après cette importante prise, le blé qui valait trente livres le boisseau (environ 10 kilogrammes), tomba à trois livres.

30 1821. Trois millions sont votés par une loi, en date de ce jour, pour la construction des écluses de chasse, et le creusement du bassin, confiés à MM. Becquey, Cordier et Bosquillon.

JUILLET

1 1659. Naissance de Jean Bart, fils de Herman Bart et de Marie Janssen, sœur de la mère du héros dunkerquois.

2 1690. Jean Bart, montant la frégate l'*Alcyon*, sort du port de Brest, sous les ordres de Tourville, chargé par Louis XIV du commandement en chef d'une armée navale destinée à agir contre l'Angleterre, l'Espagne et la Hollande. La frégate de Jean Bart était en compagnie de plusieurs autres, destinées, comme elle, à éclairer l'avant garde et à porter les ordres des pavillons pendant le combat.

2 1803. Visite du Ier consul Bonaparte et de Joséphine.

5 1645. Les Français ouvrent une tranchée le long des dunes. Serrée de plus en plus, la garnison de Mardyck se décide à brûler elle-même le fort de bois qui s'avançait dans la mer. Les Espagnols capitulent le 10 Juillet: onze de leurs drapeaux furent envoyés à Paris et restèrent appendus aux voûtes de Notre-Dame. Mardyck ne resta que peu de temps au pouvoir des Français.

5 1756. Une infraction aux traités et au droit des gens oblige la France à venger l'insulte faite par l'Angleterre à son pavillon et à son commerce. Le roi Louis XV fait annoncer à Dunkerque que son port va être immédiatement rétabli.

6 1520. Dunkerque reçoit la première visite de Charles-Quint. Son entrée fut triomphale; on ne saurait se faire une idée, disent les chroniques du temps, de la magnificence et de l'éclat de l'ovation qui fut faite à ce souverain.

7 1678. Jean Bart, après avoir quitté le commandement du *Dauphin*, pour prendre celui de la frégate le *Mans*, prend, à la hauteur de Dermude, après deux heures de chasse, une flûte, le *St-Martin*, chargée de vin de Bordeaux, d'eau-de-vie et de pruneaux.

8 1690. Naissance de Jeanne-Marie Bart, fille de Jean et de Marie Tugghe. Elle eut pour parrain très-illustre seigneur

Jean-Baptiste Patoulet, conseiller du roi en ses conseils et intendant de la marine dans le département de Dunkerque, et pour marraine, Marie-Catherine Sergeant, veuve du sieur Julien Vandermerch, en son vivant docteur en médecine. Jeanne-Marie épousa M. de Ligny, lieutenant-colonel du 2e régiment d'Agenois (infanterie).

10 1637. Bénédiction de l'église des Jésuites, par le fameux Jansénius, évêque d'Ypres.

10 1690. Le Grand Roi avait chargé Tourville du commandement en chef d'une armée navale forte de soixante-dix vaisseaux de ligne, de cinq frégates légères, de dix-huit brûlots et de quinze galères. Le corps de bataille était sous les ordres de Tourville; l'avant-garde était commandée par Châteaurenault; Jean Bart en faisait partie; l'arrière-garde avait pour officier général le vice-amiral comte d'Estrées.

Cette flotte appareilla de la rade de Brest le 23 Juin; le 2 Juillet, Tourville reconnut l'île de Wight, et les vaisseaux qui étaient à la découverte aperçurent plusieurs navires de l'armée anglo-hollandaise mouillés hors de la pointe de Ste-Hélène. Les Hollandais commandaient l'avant-garde; l'amiral anglais Herbert, le même qui ayant sous son commandement des forces supérieures avait été battu l'année précédente par Châteaurenault, dans la baie de Bantry, faisait le corps de bataille, et le pavillon bleu anglais, l'arrière-garde. L'action s'engagea le 10 Juillet entre les deux armées, à la vue du cap Béveziers, et dura huit heures. La victoire demeura aux Français, qui rasèrent complètement douze des vaisseaux de leurs ennemis, et ne purent parvenir, à cause du calme et du jusant, qu'à prendre un vaisseau hollandais de soixante-huit pièces de canon.

Après le combat, Jean Bart fut chargé de ramener à Dunkerque une flûte chargée d'une partie des canons capturés sur l'ennemi.

13 1694. Jean Bart va croiser avec quatre vaisseaux sur les côtes d'Angleterre. Il rencontre le paquebot et le poursuit jusqu'à l'embouchure de la Meuse où il se jette dans une flotte de vingt-quatre navires, escortés par trois frégates, l'une de quarante-deux pièces de canon, l'autre de vingt-quatre, la troisième de seize. La première revire sur l'escadre de Jean Bart; mais le vent était violent; ses canons étaient mal amarrés, et

l'eau entrant par les sabords la fit couler à fond. De deux cents hommes, tant d'équipage que passagers, on n'en put sauver que quinze, que l'on conduisit à Dunkerque. Ils déclarèrent que la frégate qui avait péri était chargée de vingt-trois caisses, dont vingt-deux étaient remplies de lingots d'argent, et la vingt-troisième de lingots d'or, pour le compte des marchands Hollandais; qu'on évaluait cette perte à un million. Jean Bart attaqua les deux autres frégates, qui, après un léger combat, s'échouèrent: pendant ce temps la flotte marchande se jeta dans la Meuse.

16 1760. L'impératrice d'Allemagne accorde au comte d'Hérouville la portion de la grande Moëre qui était sous sa domination, sous le titre de *Moereland*, à la redevance de 50 livres et de 40 gros.

17 1583. Chamon, abandonné par le duc d'Alençon, était resté dans Dunkerque avec 1,200 hommes. Farnèse établit devant les murs une batterie de 20 canons avec laquelle, en quelques heures, il ouvrit une brèche suffisante pour donner l'assaut. Chamon dut capituler. Il remit la place et sortit de la ville avec son épée seulement.

17 1680. Mort d'un Cornil Bart. On ignore le nom de ses parents : ce qu'on sait, c'est qu'il décéda *célibataire.*

17 1775. On procède à l'arpentage du terrain désigné par la dénomination de *Dunes et Garennes.* Il y avait 2,077 mesures dont 1,249 furent dévolues à Dunkerque et 828 à Bergues.

20 1681. Naissance de Jeanne-Nicole Bart, fille de Jean et de Nicole Guttière. Elle eut pour parrain Nicaise Cornelissen et pour marraine Jeanne Crimpornool, femme de François Goutière.

22 1773. En 1750, le sieur Magalon de la Morlière demanda la concession des terrains d'atterrissements situés le long de la côte Mardyck, Grande-Synthe et Petite-Synthe. Le 2 Septembre 1769, sa soumission était acceptée. Le 6 Octobre 1770, le plan était levé, et le 6 Avril 1773 la concession accordée. La mise en possession eut lieu les 22 et 26 Juillet 1773. En 1777 et 1778, les digues pour enclore la saline furent établies.

26 1680. Louis XIV vient à Dunkerque pour visiter les ouvrages du grand Risban. Les jetées commençaient à se perfectionner; des forts s'élevaient à leur extrémité pour protéger

la rade : l'un s'appelait le *Fort Vert*, l'autre le *Fort de Bonne-Espérance*. Le premier fut entièrement achevé en 1683.

28 1549. Charles-Quint et son fils Philippe étant à Dunkerque, ce dernier prince qui se nomma, après la mort de son père, Philippe II, foule pour la première fois de son pied royal les 265 marches qui conduisent à la plate-forme de la tour de l'église St-Eloi.

30 1637. Mort du célèbre *Jacques Colaert*, né en 1584. Il était chevalier de l'ordre militaire de Saint-Jacques et amiral de l'armée navale de Flandres. Il prit, dans le cours de sa glorieuse carrière, aux ennemis de l'Espagne, cent neuf navires de commerce et vingt-sept vaisseaux de guerre ; il leur enleva plus de quinze cents pièces de canon dans les divers combats qu'il leur livra, et dans lesquels il fut dix-sept fois blessé.

30 1675. Jean Bart montant la frégate la *Royale*, de conserve avec Keyser, commandant la frégate le *Grand-Louis*, et Jacobsen, prend, vers trois heures du matin, à la hauteur de la rivière de l'Elbe, après une chasse d'une heure et une défense à coups de canon du fuyard, un navire portant pavillon du prince d'Orange, les *Armes de Hambourg*, chargé de douze sacs de poudre d'or pesant chacun une demi-livre, de deux autres sacs pesant trente marcs environ, de douze mille pesant de dents d'éléphant et d'une partie de sucre. Ce navire était monté par vingt-cinq hommes d'équipage et un maître, ou capitaine.

31 1678. Jean Bart termine sa campagne de l'année 1678, en prenant, à la hauteur de Nieuport et d'Ostende, un dogre, le *Saint-Antoine*.

AOUT

4 1666. Jean Bart, n'ayant encore que seize ans, assiste, en compagnie de Philippe de Lorraine, du chevalier de Coislin, du chevalier de Cavoye et du baron de Busca, aux célèbres combats et retraite des 4, 5 et 6 Août qui immortalisèrent Ruiter.

4 1694. Louis XIV accorde à Jean Bart, pour ses hauts-faits, des lettres de noblesse.

6 1791. la municipalité établit une caisse patriotique ou de confiance, pour l'échange des assignats de 50 à 100 livres.

7 1821. Naissance de Mélanie-Louise Bart, fille de Henri-Ferdinand-Marie et de Marie-Angélique Vernay. Elle naquit à Brest, rue du Couëdic, 4.

9 1675. Jean Bart et Keyser s'emparent de la frégate la *Bergère*, montée de 12 canons et de quarante-huit hommes d'équipage. Les dix busses que convoyait ce navire hollandais furent aussi enlevées.

9 1690. Jean Bart, étant proche du Dogger-Banc, prend un bâtiment hollandais, le *Coq*, venant de Moscovie, chargé de planches.

10 1793. Jean-Marie-Joseph Emmery, négociant et maire de Dunkerque, s'oppose à l'enlèvement des grains ordonné par le pouvoir exécutif. Cette louable prévoyance lui permit, treize jours après, de résister au duc d'York, qui, avec une armée formidable, vint assiéger Dunkerque. Pendant ce siége il fit des avances de ses propres deniers aux fournisseurs, établit à ses frais un hôpital supplémentaire pour les blessés, et resta constamment chargé de la police de la place.

11 1690. Jean Bart prend un bâtiment anglais, la *Résolution*, venant de Hambourg, avec un chargement de bois.

11 1695. Les Anglais et les Hollandais avaient projeté une seconde fois le bombardement de Dunkerque. Dès le 4 Août, une flotte de 80 voiles vient mouiller dans la fosse du

Vieux-Mardyck ; 32 autres navires restent près de Gravelines. Enfin, le 11 Août, 60 navires détachés de la flotte viennent mouiller dans la rade de Dunkerque, devant le fort Vert ou de l'Ouest, rangés en forme de croissant. Jean Bart commandait alors le fort de Bonne-Espérance.

Après un long et terrible bombardement, la victoire reste aux Dunkerquois. Une médaille fut frappée pour éterniser ce glorieux souvenir ; on y lit cette simple mais éloquente légende : *Dunkerca Illæsa ;* l'exergue marque la date de 1695.

13 1816. Naissance de Elisa-Julie Bart, fille de Henri-Ferdinand-Marie et de Marie-Angélique Vernay. Elle naquit à Dunkerque, rue de Nieuport.

14 1686. Jean Bart reçoit son brevet de capitaine de frégate.

15 1675. Jean Bart, commandant la frégate la *Royale*, et de conserve avec Keyser, montant le *Grand-Louis*, rencontre au large une flotte de busses escortée d'une frégate, le *Lévrier*, montée de 12 pièces de canon et par quarante-huit hommes d'équipage. Nos deux Dunkerquois attaquent le *Lévrier*, s'en emparent ainsi que de trois busses.

15 1806. Inauguration solennelle du buste de Jean Bart, par Lemot, sur la place de l'Egalité, aujourd'hui place du Théâtre.

17 1690. Jean Bart, étant à une lieue de l'île de Legligoland, prend deux vaisseaux de Hambourg, l' *Abraham* et le *Roi Salomon*, qui venaient de la pêche à la baleine.

18 1840. Le vice-amiral Roussin entre à quatre heures, avec le *Véloce*, dans le port de Dunkerque. Ce navire endommage légèrement l'estacade de l'est. Louis-Philippe, qui s'était embarqué à Tréport sur le *Véloce*, dut, grâce au mauvais temps, prendre terre à Calais.

19. 1694. Jean Bart reçoit le brevet de chevalier de Saint-Louis.

20 1690. Jean Bart prend quatre vaisseaux hambourgeois, le *Soleil*, le *Roi David*, le *Patriarche* et l'*Espérance*.

23 1627. Naissance de Herman Bart, fils de Michel et d'Agnès Jacobsen.

23 1793. Le duc d'York, fils du roi d'Angleterre, se pré-

sente avec des forces imposantes devant Dunkerque, qui n'a plus de garnison pour soutenir un siége. La ville résiste pourtant, et, après dix-sept jours d'une défense héroïque, le duc d'York abandonne le siége et prend honteusement la fuite. Un décret de la convention a immortalisé cette mémorable défense : DUNKERQUE, y est-il dit, A BIEN MÉRITÉ DE LA PATRIE.

24 1682. Mort de Jeanne-Nicole, fille de Jean Bart et de Nicole Guttière.

25 1690. Jean Bart s'empare de quatre vaisseaux hambourgeois, l'*Ours Blanc*, la *Mouche Dorée*, le *Roi David* et la *Concorde*.

25 1753. Cornil Bart est nommé grand'croix de l'ordre de St-Louis.

26 1693. Mariage de Gaspard Bart, frère de Jean Bart, et de Anne Breicx.

27. 1674. Jean Bart, commandant la frégate la *Royale*, montée de dix canons, sort de conserve avec la frégate l'*Alexandre*, capitaine William Doorn, et prend, vers les côtes de Zélande, la galiote l'*Elisabeth*, chargée de planches et de cordages.

SEPTEMBRE

1 1692. 14 à 15,000 Anglais débarquèrent à Nieuport et à Ostende. Ils étaient destinés à faire partie d'une armée d'invasion en France. Cette armée s'empara de Dixmude et de Furnes, dans la vue de tenter le bombardement de Dunkerque. Mais des pluies continuelles avaient rompu les chemins, les terres étaient à demi-inondées; aussi, déçu dans son attente, l'ennemi dut-il renoncer à ses projets.

1 1752. François-Cornil Bart est nommé vice-amiral de France ès-mers du Ponant.

3 1676. Jean Bart, montant la frégate la ***Palme***, de vingt-quatre canons et de cent cinquante hommes d'équipage, étant de conserve avec la frégate l'*Ange Gardien*, capitaine Pître Lassie, et la frégate l'*Alexandre*, commandée par Keyser, prend, à la hauteur d'Ostende, une flûte, l'*Espérance de Brême*, chargée d'huile, de beurre, de peaux, de ballots de bas et de mitaines noires.

3 1848. Inauguration de l'embranchement du chemin de fer du Nord aboutissant à Dunkerque. Son Eminence le cardinal Pierre Giraud, archevêque de Cambrai, vient en nos murs pour appeler la bénédiction du ciel sur la nouvelle ligne. Son discours fit une profonde impression sur MM. de Cormenin et Dupin aîné, et sur tout l'auditoire. Des fêtes splendides eurent lieu pour célébrer cette nouvelle ère de prospérité ouverte au commerce dunkerquois.

6 1697. Jean Bart, chargé de conduire en Pologne le prince de Conti, met à la voile le vendredi 6 Septembre, à minuit, avec un vent favorable. Le 7 il traverse l'un des points de croisière les plus dangereux, il passe devant Ostende, continue sa route pendant la nuit, et le jour étant venu, il rencontre trois vaisseaux de quatre-vingts canons à la voile et neuf frégates qui étaient mouillés entre la Meuse et la Tamise. Jean Bart, se tenant sur la défensive, continue fièrement sa route. Arrivé le

10 au matin entre le cap Derneus et le Vleckeren, à dix lieues en mer, la frégate la *Volage*, commandée par M. de Nogent, se détache de son escadre et reprend la route de France pour porter au roi des nouvelles du voyage et lui annoncer que le prince est hors de tout danger. Le 13, l'escadre mouille devant Elseneur, et le 14, elle passe vers les cinq heures du soir devant le château de Cronembourg, qui commande le détroit du Sund. Enfin, le 25, le prince de Conti arrive dans la rade de Dantzick.

7 1676. Jean Bart, à bord de la frégate la *Palme*, se rend maître après un long combat de la frégate le *Neptune*, montée de trente pièces de canon. Ce navire servait de convoi à une flotte de busses ; le capitaine ennemi fut grièvement blessé et perdit vingt hommes dans cette action.

7 1708. Naissance de Marie-Catherine Bart, fille de François-Cornil et de Catherine Viguereux.

8 1793. Le duc d'York, forcé par la bravoure de nos soldats de lever le siége de Dunkerque, s'enfuit honteusement et regagne en toute hâte le camp de Furnes, où il arrive le 9, à dix heures du matin.

8 1845. Inauguration de la statue de Jean Bart sur la place d'Armes, qui a pris depuis le nom du héros dunkerquois. Cette cérémonie coïncidait avec la levée du siége de Dunkerque, par le duc d'York.

10 1676. Jean Bart, de conserve avec les capitaines Keyser et Lassie, prend, à la hauteur du Vlie, une busse, le *Faucon Doré*.

10 1815. Consécration d'une nouvelle chapelle à la prison. Le même jour, M. le baron Coppens reprend son écu d'azur à trois coupes d'or, et une épée d'honneur est remise au comte de Laval, qui avait été gouverneur de Dunkerque pendant les journées orageuses de l'interrègne.

11 1674. Jean Bart, montant la frégate la *Royale*, prend, à une lieue du Texel, une grande flûte, le *Jambon Doré*, chargée de onze baleines pêchées au Groënland et montée de huit canons et par trente-trois hommes d'équipage, après un combat de quatre heures environ.

11 1807. Naissance de Jean-Pierre Bart, fils de Henri-Ferdinand-Marie et de Marie-Angélique Vernay. Il naquit à Bordeaux, place Saint-Projet.

14 1792. On proclame officiellement dans Dunkerque qu'il va être procédé à un changement général dans les noms des rues.

14 1827. Visite du roi Charles X. M. Gaspard était alors maire de Dunkerque.

15 1759. L'échevinage de Dunkerque accorde à la veuve du capitaine Pierre Bart une pension de 300 livres.

16. 1639. L'amiral Tromp livre à la flotte espagnole un terrible et funeste combat. Le vice-amiral Michel Doorne commandait dans cette journée néfaste 14 navires fournis par l'amirauté de Dunkerque aux Espagnols.

17 1789. Une banqueroute générale était suspendue sur la France. Le conseil échevinal convoque les corporations pour les entretenir à ce sujet. Cette réunion ne servit qu'à jeter la perturbation dans tous les esprits ; aussi l'émeute ne tarda-t-elle pas à gronder dans nos murs.

18 1573. Nos pêcheurs surprennent cinq pirates, les ramènent à Dunkerque ; la municipalité les fait pendre en la prison de la ville.

18 1676. Louis XIV envoie à Jean Bart une chaîne d'or en récompense de sa belle campagne de 1676.

18 1826. Ouverture des écluses de chasse. M. Coffyn-Spyns administrait alors notre ville.

20 1694. Les Anglais tentent de s'emparer de Dunkerque par mer. Ils confient un armement à l'amiral Shovel. Cette flotte comprenait treize vaisseaux de guerre anglais, six hollandais, quelques frégates, deux galiotes à bombes, et dix-sept barques à machines. L'amiral Shovel vint se poster en deçà de Mardyck. Le 20 Septembre il envoie douze chaloupes, soutenues de quatre frégates, sonder les avenues du port. On reconnut qu'on ne pouvait bombarder la ville qu'après avoir détruit les forts placés à la tête des jetées.

Le 22, trente-six voiles et brûlots entrent dans la rade pour incendier les forts. Ceux-ci ripostent vigoureusement, font sauter deux brûlots et endommagent plusieurs navires ; la flotte anglo-hollandaise, après être restée quatre jours en rade, dut se retirer et aller se poster devant Calais.

21 1823. On pose la première pierre du bassin Becquey.

Sous cette pierre se trouve une plaque portant une inscription commémorative.

22 1694. Les Anglais tentent de nouveau de bombarder Dunkerque ; ils sont forcés de se retirer sans avoir obtenu aucun succès.

22 1802. Par arrêté du 17 ventôse an VIII, la sous-préfecture du 1er arrondissement avait été placée à Bergues. Par un autre arrêté du 3 thermidor au XI, elle fut transférée à Dunkerque, où elle exerce depuis le 1er vendémiaire an XII (22 Septembre 1802).

23 1802. Du 23 Septembre 1802 au 24 Septembre 1803, le mouvement du port de Dunkerque donne, pour l'entrée, 492 navires, dont 271 français, et pour la sortie 473, dont 265 français ; du 12 Septembre 1803 au 12 Septembre 1804, ce chiffre descend à 208 entrées et 233 sorties. Le commerce, comme on le voit, n'avait pas à se louer de la haine de l'Angleterre contre la France.

24 1801. Un conseil de commerce et d'agriculture est constitué. Il était composé de neuf personnes, dont six négociants, un fabricant et deux cultivateurs, qui se réunissaient dans une des salles de l'Hôtel-de-Ville.

25 1824. La ville prend le deuil à l'occasion de la mort de Louis XVIII.

26 1853. Visite de Sa Majesté Napoléon III et de l'Impératrice Eugénie.

Le même jour M. Théophile Manotte fait entendre, pour la première fois, le carillon renouvelé et augmenté par les soins et aux frais de M. Gaspard Malo.

28 1557. Les Français, en guerre avec Philippe II, roi d'Espagne, avaient pris un grand nombre de bateaux de pêche dunkerquois.

Pour s'opposer à ces attaques, une flotte espagnole arrive à Dunkerque ; mais, par malheur, elle amène avec elle la peste qui exerça de grands ravages dans les équipages et la garnison. On dut établir au dehors de la ville des ambulances pour les malheureux atteints de la contagion.

28 1710. Naissance de Jeanne Bart, fille de François-Cornil et de Catherine Viguereux.

29 1793. La loi des suspects avait paru à Dunkerque le 17 Septembre ; elle fut suivie du maximum, qui fut promulgué en notre ville le 29 du même mois.

30. 1642. Naissance de Charles de Keyser, fils de Jean et de Anne Lauck.

30 1841. On donne le nom de *Guilleminot* à la rue qui fait communiquer celle des *Vieux-Remparts* à la rue de la *Grille*.

OCTOBRE

1 1756. Philippe-François Bart est nommé gouverneur des îles Sous-le-Vent.

1 1804 Cinquante-deux bâtiments anglais menacent notre port. Grâce au courage du contre-amiral Lacrosse, l'ennemi est obligé de renoncer à son audacieuse tentative contre Dunkerque.

1 1857. Mort, à l'âge de 59 ans, de M. François-Benjamin-Joseph Delattre, chevalier de la Légion-d'Honneur, membre du conseil général et du conseil municipal, juge suppléant au tribunal civil et ancien maire de Dunkerque.

2 1622. Vers onze heures du soir, *Jean Jacobsen*, capitaine de vaisseau au service de Sa Majesté Catholique, sort du port d'Ostende, commandant le navire de guerre le *St-Vincent*, suivi de deux autres vaisseaux, l'un commandé par le capitaine *Pedro de la Plesa*, qui était amiral, et l'autre par le capitaine *Juan Garcia*. Quelques heures après, le vaisseau de Jean Jacobsen est poursuivi et environné par neuf vaisseaux de guerre hollandais commandés par le vice-amiral *Harmen Kleuter*. Les deux navires espagnols abandonnent le *St-Vincent*, forcent de voiles et mettent le cap à l'est pour échapper à la poursuite de l'ennemi.

Jean Jacobsen, malgré ce lâche abandon, se défend avec le courage du désespoir. Après avoir causé les plus graves dommages aux Hollandais, coulé même un de leurs navires, voyant enfin ses marins tués ou prisonniers à bord de l'ennemi, il s'écrie en s'adressant à ces derniers : « *Mes amis, si quelqu'un* » *d'entre vous échappe, et qu'il retourne à Dunkerque, qu'il dise* » *à nos compatriotes comment nous nous sommes défendus, et* » *que nous avons généreusement répandu notre sang pour la* » *cause de Dieu et du Roi.* » Après ces quelques mots, il met le feu aux poudres et se fait sauter avec tous les Hollandais qui encombraient son bord. La véracité de ce bel épisode des fastes maritimes de Dunkerque fut attestée, après prestation de serment entre les mains du magistrat de notre ville, le 26 Janvier 1623, par Cornil Jacobsen, âgé de 16 ans; et, le 30 Mai 1623, par Gaspard Bart, fils d'Antoine et d'Elisabeth Rodrigues. Tous deux étaient à bord du *Saint-Vincent*.

2 1820. On célèbre à Dunkerque la naissance du duc de Bordeaux.

4 1803. Davoust vient inspecter le camp établi au Rosendael.

5 1791. On députe à Paris MM. Deman et Debaecque pour combattre l'abolition faite par la Convention de la franchise du port de Dunkerque. Leur mission n'amena aucun résultat.

7 1646. Le prince de Condé fait capituler Dunkerque. La capitulation est signée entre lui et le marquis de Lede, gouverneur de la ville. Condé nomme pour gouverneur le maréchal de Rantzau (Josias), le même qui avait gagné à Mardyck le bâton de maréchal. Rantzau conserva ce poste jusqu'à la fin de 1649, aimé et béni de tous les Dunkerquois.

7 1713. Anne, reine d'Angleterre, nomme Armstrong et Clayton pour veiller à l'exécution de la sentence qui, en vertu de l'article IX du traité d'Utrecht, avait frappé Dunkerque. En conséquence, ces deux commissaires font enlever les palissades et raser les dehors. Les entrepreneurs demandaient plus de deux millions pour démolir les fortifications. Du côté de la mer seulement, elles étaient desservies par 200 pièces de canon. Quatorze milliers de poudre firent sauter le Risban, le fort Blanc, à l'est; les jetées, le fort Vert, le fort de Bonne-Espérance eurent un sort semblable; des batardeaux empêchèrent toute communication avec la mer.

Le 6 Août 1714, l'œuvre de destruction était achevée; Dunkerque n'était plus qu'un monceau de ruines.

7 1793. On ordonne qu'à l'entrée de la nuit, le feu soit mis à un bûcher sur la place de la Liberté. Dans ce bûcher on jette les portraits des rois Louis XIV et Louis XV, du traître Calonne, et autres figures et attributs de la royauté et de la féodalité, à la disposition de la municipalité et des citoyens. Le tout fut transporté sur un tombereau. Cet auto-da-fé se termina par des fêtes et des chants d'allégresse.

8 1674. Le capitaine Doorn, commandant la frégate l'*Alexandre*, s'empare d'une flûte, la *Baleine Grise*, chargée de planches de Norwége. Cette prise fut adjugée à Jean Bart, en participation avec Doorn et Keyser, commandant la frégate les *Armes de Dunkerque*, d'après un traité de société fait entre ces trois capitaines, qui étaient sortis le même jour de notre port pour aller en course.

8 1834. Arrivée du roi et de la reine des Belges en nos murs.

10 1646. Prise de Dunkerque, au pouvoir des Espagnols, par les Français, commandés par le duc d'Enghien, depuis le grand Condé.

10 1793. On proclame en nos murs le gouvernement révolutionnaire; le tribunal révolutionnaire le fut en Décembre suivant.

10 1852. Pose de la première pierre de l'Ecole des Frères de la rue Caumartin par M. Besson, préfet du Nord. Dunkerque avait alors pour sous-préfet, M. Alph. Paillard; pour maire, M. Mollet; pour adjoints, MM. Pierre Lefebvre et Alfred Willems. Le terrain sur lequel est construite cette école fut donné à la ville par Mlles Grawez. Monseigneur Régnier, archevêque de Cambrai, la bénit le 19 Octobre 1854. A ce monument est attaché d'une manière impérissable le nom du vertueux et honorable frère directeur Gatien, dont notre ville gardera un long et précieux souvenir.

12 1698. Naissance d'Antoine Bart, fils de Jean et de Marie Tugghe. Il eut pour parrain Messire-Antoine Bavanger, sieur de la Preil, capitaine du port de Dunkerque, et pour marraine, demoiselle Marie de Bouly, femme du sieur Pierre de Coninck, bourguemaître de Dunkerque et du territoire de cette ville.

12 1748. Un traité de paix signé à Aix-la-chapelle contraint Dunkerque à démolir toutes les batteries construites sur l'estran et du côté de la mer.

13 1689. Jean Bart se marie en secondes nôces avec Marie Tugghe, fille d'Ignace et de Catherine Sergeant.

15 1697. Naissance de Magdelaine-Marie Bart, fille de Jean et de Marie Tugghe. Elle eut pour parrain Jean Tugghe, ancien greffier de la ville de Dunkerque, et pour marraine,

demoiselle Magdelaine-Thérèse Vandermeersch.

15 1845. La *Grand'place* prend le nom de place Jean Bart. Elle s'était appelée successivement place de la Liberté, place Impériale et place Royale.

Cette place, une des plus belles du département du Nord, est un parallélogramme de 100 mètres de long sur 80 de large; les pavés y représentent une rose des vents; au centre se trouve la statue de Jean Bart.

16 1648. Naissance de Cornil Bart, fils de Cornil et d'Agnès Jacobsen; il eut pour parrain Herman Bart, et pour marraine, Elisabeth Ricqueers.

17 1791. Il est décidé en conseil qu'on tiendra marché sur la place *Dauphine*, aujourd'hui place du Théâtre: cette délibération fut ensuite annulée.

La place *Dauphine* fut tracée en 1682. La ville la fit d'abord planter en tilleuls et maronniers. C'était alors la seule promenade intrà-muros des habitants. Cette plantation suivait l'alignement du couvent des dames anglaises, de la rue de Nieuport et de la rue St-Gilles. Le tour en était pavé et garni de bancs.

18 1804. Inauguration du magnifique portrait de Napoléon, peint par Robert Lefebvre, élève de David. Sur cette toile, Bonaparte était représenté auprès d'une table chargée de manuscrits. Sur l'un, on lisait: *Plantation des Dunes;* sur l'autre: *Exhaussement de la jetée de l'Est.*

19 1853. Inauguration de la salle d'Asile en basse-ville. L'ouverture de l'école communale des filles, qui est annexée au même bâtiment, eut lieu le 3 Novembre 1856.

20 1647. Mariage de Cornil Bart, fils de Michel et d'Agnès Jacobsen, avec Catherine Janssen, fille de Henri et d'Elisabeth Rodrigues.

21 1650. Naissance de Jean Bart, fils de Cornil et de Catherine Janssen. Il eut pour parrain Jean Bart, son oncle, et pour marraine, Marie Wilsen, sa tante.

22 1712. Naissance de Pierre-Jean Bart, fils de Gaspard, frère du héros dunkerquois, et de Anne-Marie Verschelle.

23 et 24 1818. Bénédiction et ouverture du cimetière près la porte de Furnes. M. Depoix était grand-doyen curé, et M. Degravier, maire de Dunkerque.

24 1674. Jean Bart, montant la frégate la *Royale*, de dix canons, et de conserve avec son parent Jacobsen, commandant la frégate la *Dauphine*, prend, à huit lieues du Dogger-Banc, une flûte, le *St-Georges*, chargée de planches de Norwége.

24 1675. Jean Bart, de conserve avec les frères Jacobsen, commandants des frégates la *Dauphine* et l'*Alexandre*, prend une flûte, l'*Arbre-de-Chêne*, chargée de cuivre et venant de Drontheim, située sur la côte ouest de Norwége.

24 1692. Jean Bart sort avec sept frégates et un brûlot du port de Dunkerque que bloquait une flotte de trente-deux vaisseaux de guerre anglais et hollandais. Dès le lendemain, il enlève quatre navires anglais richement chargés qui allaient en Moscovie. Quelques jours après, il met le feu à quatre-vingts, tant busses, dogres qu'autres navires marchands. Il fit ensuite une descente en Angleterre, vers Newcastle, où il brûla environ deux cents maisons.

24 1784. Bénédiction et réouverture de l'église St-Eloi après la construction de son portail.

25 1653. Naissance de Jacques Bart, fils de Cornil et de Catherine Janssen.

25 1747. Philippe-François Bart se trouve au combat du cap Ortégal.

26 1688. Jean Bart, commandant la *Railleuse*, de vingt-quatre canons, étant de conserve avec la *Serpente*, armée ainsi que la *Railleuse* pour le compte de Seignelay et de Louvois, prend la flûte hollandaise le *Cheval-Marin*. Cette prise fut conduite à Ambleteuse.

27 1662. Dunkerque est achetée aux Anglais. Une médaille commémorative fut frappée à cette occasion : elle porte pour exergue : « *Providentia principis Dunkerca recuperata 1662.* »

28 1790. La municipalité décide l'acquisition de 8 à 10,000 razières de blé pour constituer une réserve en cas de disette.

29 1708. Gaspard Bart, frère du héros dunkerquois, épouse en secondes nôces Anne-Marie Verschelle.

30 1790. Dunkerque, d'abord partagée en cinq quartiers, l'est en sept, puis en deux, le 7 Janvier 1792, et enfin en trois.

NOVEMBRE.

1 1713. Lors de la démolition du port de Dunkerque, le fort du Gros-Risban, de 46 canons, se trouva avoir été si solidement construit qu'il fallut employer des milliers de poudre pour le faire sauter.

1 1716. Les conventions faites à Hampton-Court, près d'Iberville, stipulent que le passage de Mardyck, de 44 pieds, doit être démoli de fond en comble. Cet admirable travail, qui ravivait toutes les espérances de prospérité de Dunkerque, était à peine terminé.

3 1804. Ouragans et sinistres maritimes causés par la rigueur de la température.

4 1800. Un arrêté consulaire exige la mise en pratique du nouveau système des poids et mesures à partir du 1er Vendémiaire an X.

4 1825. Le buste de Charles X est placé en grande pompe à la mairie, dans la salle des réunions du conseil municipal.

5 1829. Inauguration du collége de Dunkerque. Cet établissement est aujourd'hui, grâce à l'activité et au zèle intelligent de M. Boutoille, principal, officier de l'Université, dans un état de prospérité qui récompense la ville de ses sacrifices.

6 1696. Jean Bart, chargé de conduire en Pologne, comme prétendant au trône, le prince de Conti, met à la voile vers minuit. Le lendemain, 7 Novembre, il passe inaperçu à travers la flotte ennemie, forte de 19 vaisseaux anglais et hollandais, en croisière pour s'opposer à sa mission. Le héros dunkerquois n'avait sous son commandement que 6 frégates légères.

6 1697. Jean Bart écrit de Dantzick, au ministre de Pontchartrain, pour lui annoncer que le prince de Conti revient en France, persuadé qu'il est que l'Electeur de Saxe l'emportera sur lui dans ses prétentions au trône de Pologne.

6 1735. Louis XV essaie de rendre au port de Dunkerque son ancienne franchise, qui n'est rétablie qu'en 1784, dix ans après sa mort.

8 1793. Lambrecht, greffier du tribunal de Bergues, apporte à Dunkerque trois registres de la ci-devant cour féodale de Ghyselhuys (maison d'arrêt à Bourbourg), contenant les actes de féodalité, pour être livrés aux flammes. C'étaient les auto-da-fé de l'époque.

9 1800. Ouragans et sinistres maritimes. Rigueur extrême de la température.

11 1663. Naissance de Jacqueline-Marie Tugghe, fille de Ignace et de Marie-Catherine Sergeant. Elle appartenait à une des premières familles de Dunkerque. Jean Bart la prit pour seconde femme.

11 1777. On joue pour la première fois dans la salle de spectacle, rue de Nieuport, convertie aujourd'hui en usine. Cette salle remplaçait alors une autre plus petite située rue Nationale.

11 1816. Une ordonnance de Louis XVIII rend à Dunkerque son ancien écusson.

12 1677. Jean Bart, montant la frégate le *Dauphin*, prend, entre la Meuse et l'Escaut, un dogre, le *Court-Nez*, chargé de charbon et d'huîtres.

12 1790. La rareté des céréales excite des soulèvements. Une proclamation du 29 du même mois parvient à calmer l'effervescence populaire.

12 Frimaire an XIII. Cinq bateaux pêcheurs du port de Dunkerque s'emparent d'un brick anglais. Une frégate ne leur échappe qu'en se brûlant elle-même.

14 1571. Sentence criminelle contre Jehan de Mey qui, par ordre du duc d'Albe, est, les yeux bandés, conduit à l'échafaud. Une autre sentence est portée contre Jean Berchelle, qui est fouetté et fustigé de verges.

15 1676. Jean Bart, montant la frégate la *Palme*, s'empare d'une galiote chargée de vins, le *Corbeau Vert*.

15 1792. Proclamation faite par le conseil général de la commune qui déclare que la liberté n'est plus imaginaire, mais bien un fait réel et accompli.

16 1707. Naissance de Marie-Anne-Louise Bart, fille de François et de Catherine Viguereux. Elle mourut jeune et sans avoir été mariée.

18 1694. La gazette de la Haye rend compte que le capitaine Bart, sorti le 13 Novembre du port de Dunkerque avec

cinq vaisseaux, vient d'attaquer devant Schoven (une des îles de la Zélande) la flotte d'Ecosse escortée de deux vaisseaux de guerre et qu'il l'a prise en partie.

La nouvelle de cette importante capture fut cause que le prince d'Orange n'osa prendre la mer. Sans l'indiscrétion, qu'on ne saurait blâmer, de la gazette de la Haye, il est présumable que Jean Bart eût fait l'importante capture de ce prince et que Jacques II eût présumablement remonté sur le trône de ses pères.

19 1624. Théodore Bart, fils d'Antoine et d'Elisabeth Rodrigues, épouse Catherine Roels.

20 1790. Plusieurs sociétés établies sous différents titres, cherchent à suppléer à Dunkerque à la rareté du numéraire. Un M. Colin présidait alors ces sociétés.

20 1845. Inauguration de la salle de spectacle située sur l'ancienne place Dauphine.

20 1853. Clôture de l'exposition dunkerquoise.

21 1676. Jean Bart étant de conserve avec la frégate la *Mignonne*, commandée par Antonin Lombard, prend une flûte, le *Pélican*, armée de huit pièces de canon et faisant route pour Amsterdam, venant d'Amérique, chargée d'une riche cargaison.

21 Frimaire 1797, an VI. La municipalité installe 44 instituteurs. Introuvables aux mauvais jours, ils revenaient en foule.

22 1611. Antoine Bart, fils d'Antoine, épouse Anne Kerlynck.

22 1676. Jean Bart, de conserve avec le *Dauphin*, capitaine Messemaker, découvre à la hauteur du Vlie quatre bâtiments, leur donne la chasse, en aborde deux, la *Demoiselle Christine* et le *Prophète Daniel*, et s'en rend maître après une lutte acharnée.

22 1793. L'huissier Delangue apporte des armoiries peintes sur parchemins, trouvées dans le couvent des ci-devant Dames anglaises. Elles sont remises à l'artillerie pour gargousses.

24 1692. Jean Bart rentre à Dunkerque d'une excursion maritime. Il y amène pour 500,000 livres de prises.

25 1712. François-Cornil Bart, fils de Jean Bart et de Nicole Guttière, reçoit sa commission de capitaine de vaisseau.

25 1790. On défend chaleureusement à l'assemblée nationale la franchise du port de Dunkerque, mais le décret est ajourné.

26 1793. Proclamation à Dunkerque de la suprême puissance de Dieu. Les habitants, assemblés malgré la rigueur de la saison, sur le Champ-de-Mars, aujourd'hui esplanade Sainte-Barbe (la plaine), décident à l'unanimité qu'il ne peut y avoir de culte reconnu.

27 1741. Mort de Catherine Viguereux, épouse de Jean-François Cornil Bart, chevalier de St-Louis, chef d'escadre.

27 1790. On publie à Dunkerque un décret qui ordonne que tout prêtre qui refuse le serment de fidélité à la constitution soit suspendu et remplacé immédiatement.

28 1615. Jean Bart, fils d'Antoine Bart, épouse Jeanne Kerlynck.

DÉCEMBRE.

1 1797. La loterie, supprimée en 1793, est rétablie. Un premier bureau est ouvert à Dunkerque, où plusieurs autres furent ensuite établis.

1 1830. La municipalité reçoit le buste de Louis-Philippe par le sculpteur Elshoecht.

1 1848. Ouverture de la caserne des douanes. M. Duverger était alors directeur.

2 1804. Le sacre de Napoléon 1er est célébré en nos murs par une fête splendide.

2 1807. Tempête horrible qui occasionne les plus épouvantables désastres en mer.

3 1777. Le magistrat prend possession, en Basse-Ville, du terrain d'un nouveau cimetière qui fut bientôt encombré et abandonné dans l'intérêt de la salubrité publique. Aujourd'hui le champ du repos est situé hors la ville, à quelques centaines de mètres de la porte de Furnes.

3 1778. Les marguilliers de St-Eloi sont mis à leur tour en possession du cimetière de la Basse-Ville.

4 1662. Dunkerque cesse d'appartenir à l'étranger. Notre ville est annexée à la province de Picardie, dont le grand Colbert était alors l'intendant. Ce ministre vient à Dunkerque, le 4 Décembre, et reçoit du conseil échevinal le serment de fidélité au roi.

6 1681. Un arrêt du conseil ordonne que les bureaux de douanes seront établis aux portes de la Basse-Ville, pour la perception des droits.

6 1805. Napoléon 1er nomme, sur le champ même de bataille d'Austerlitz, M. de Kenny, maire de Dunkerque.

10 1697. Arrivée en notre ville de l'escadre qui ramène

en France le prince de Conti. Ce prétendant malheureux part le lendemain pour Paris, où il arrive le 12 au soir.

11 1847. La rue du Moulin prend le nom de rue Emmery, en mémoire du Dunkerquois de ce nom qui sacrifia son temps et sa fortune au bien de la cité.

15 1561. Une tonne de vin d'Orléans est offerte, par la municipalité, au comte d'Egmont, qui visitait pour la première fois Dunkerque depuis que la guerre en avait fait un monceau de ruines. Deux pièces du même vin sont offertes, le même jour, au capitaine Sonastre, gouverneur de la ville. Les bienvenues se payaient ainsi à cette époque.

15 1693. Jean Bart prend trois frégates anglaises, le *Milfort*, le *Warington* et le *Prince de Galles.*

19 1558. Tout le corps échevinal assiste aux obsèques de la femme de l'ex-échevin Denis Naimann, maître de pêche. Ces témoignages de sympathie et de regrets concédés à la femme de cet officier public paraissent étonnants quand on songe à la condamnation humiliante que fit subir à son mari le comte d'Egmont, pour avoir abandonné son poste et fuit au moment où il y avait danger à habiter Dunkerque, menacée d'une ruine complète par l'ennemi. Cette femme avait sans doute refusé d'imiter la couardise de son époux ; d'où peut-être les honneurs rendus à sa dépouille mortelle.

19. 1689. Jean Bart, commandant les frégates l'*Alcyon*, la *Capricieuse* et l'*Opiniâtre*, étant vers le Dogher-Banc, par le travers du Texel, prend une flûte, le *Saint-Antoine*, et la *Rose-Marine*, galiote chargée de soldats, venant de Danemarck et allant en Ecosse, pour se mettre au service du prince d'Orange. Dans les journées des 23, 24 et 25 du même mois, Jean Bart, toujours sur le Dogher-Banc, s'empare de trois dogres hollandais, le *Master-Muller*, le *Hibou-de-la-Mer*, le *Dursant*, et enfin le *Hart*, chargé de planches et de morues.

23 1806. La garde nationale mobile de Dunkerque rentre dans ses foyers. Appelée au camp de St-Omer en prévision d'une descente de nos troupes en Angleterre, elle avait reçu, aussitôt le projet d'invasion abandonné, son ordre de retour.

25 1824 Mort de M. Joseph Mazuel, de Château-Chinon (Nièvre), juge-de-paix à Dunkerque. Cet honorable et courageux magistrat, lors de la mission en notre ville du sanguinaire

représentant Joseph Lebon, lui fit cette belle réponse : « Tu » me témoignes, citoyen représentant, ton étonnement de ce » que les églises ne sont pas fermées à Dunkerque. Tu dois » savoir, citoyen, que la Convention n'a pas encore décrété » la fermeture du sanctuaire. Jusqu'au moment où, si pénible » mission nous aura été imposée, nos églises resteront ou- » vertes. Dieu veuille qu'elle soient fermées le plus tard pos- » sible ! » Deux jours après, M. Mazuel était arrêté et conduit à Arras. La guillotine lui tendait les bras ; il ne dut son salut qu'à la bienveillante intercession du général Hoche, qui logeait chez lui, rue Faulconnier.

25 1830. Un drapeau tricolore, envoyé par le gouvernement, est remis, avec les formalités d'usage, à la garde nationale.

26 1558. Le magistrat de Dunkerque donne une fête brillante au capitaine Sonastre, gouverneur de la ville, et au capitaine Delamotte. Il voulait, par ces prévenances, concilier à ses administrés la bienveillance de ces deux chefs militaires.

26 1682. Mort de Nicole Guttière, épouse en premières noces de Jean Bart. Cette année, 1682, offre une série bien déplorable de malheurs domestiques essuyés par notre immortel concitoyen.

29 1706. Naissance de Gaspard-François Bart, fils de François-Cornil et de Catherine Viguereux.

31 1655. Naissance de François Bart, fils de Herman Bart et de Marie Janssen, sœur de la mère de Jean Bart.

31 1720. Une tempête effroyable brise, par une grande marée, le batardeau que les Anglais avaient jeté en travers du port de Dunkerque. Il y avait près de sept ans que notre port était fermé. Cet *heureux accident* le rend au commerce.

ÉVÉNEMENTS DONT L'AUTEUR DES ÉHPÉMÉRIDES DUNKERQUOISES N'A PU RETROUVER QUE L'ANNÉE, SANS INDICATION NI DE MOIS NI DE JOUR.

1438. Construction du couvent des Récollets. Il fut, en 1803, érigé en église paroissiale sous l'invocation de St-Jean-Baptiste.

1452. Erection de l'ancien hôpital St-Julien.

1567. Reconstruction de l'église St-Eloi. M. Vanrye, seigneur de Loire, était alors bourgmaître de Dunkerque.

1612. Construction des casernes du Hâvre et de Ste-Barbe.

1642. Incendie de l'hôtel-de-ville. Il fut reconstruit en 1644.

1658. Les Espagnols sont taillés en pièces dans les dunes par Turenne. La ville de Dunkerque tombe alors pour la deuxième fois au pouvoir des Français et des Anglais.

1671. Dunkerque est fortifiée et agrandie.

1690. Erection du nouvel hôpital St-Julien.

1695. Dunkerque est bombardée sans succès par une flotte anglaise.

1753. Construction de la Bourse et de l'Intendance, depuis hôtel de la Sous-Préfecture.

TABLE ALPHABÉTIQUE

des principaux faits

CONTENUS DANS LES ÉPHÉMÉRIDES DUNKERQUOISES

A

K

L

M

N

O

P

R

S

T

U

Y

Dunkerque.—Typographie Benjamin Kien, rue Nationale, 22.

www.ingramcontent.com/pod-product-compliance
Ingram Content Group UK Ltd.
Pitfield, Milton Keynes, MK11 3LW, UK
UKHW012104240726
13965UKWH00004B/1523

9 782013 037167